超市经营实战全程培训

超市员工管理

CHAOSHI
YUANGONG GUANLI

赵盛斌 / 编著

经济管理出版社
ECONOMY & MANAGEMENT PUBLISHING HOUSE

图书在版编目（CIP）数据

超市员工管理/赵盛斌编著 . —北京：经济管理出版社，2014.10
ISBN 978 – 7 – 5096 – 3113 – 3

Ⅰ.①超… Ⅱ.①赵… Ⅲ.①超市—人事管理 Ⅳ.①F717.6

中国版本图书馆 CIP 数据核字（2014）第 104132 号

组稿编辑：何　蒂
责任编辑：杜　菲
责任印制：司东翔
责任校对：赵天宇

出版发行：经济管理出版社（北京市海淀区北蜂窝 8 号中雅大厦 11 层 100038）
网　　　址：www. E – mp. com. cn
电　　　话：（010）51915602
印　　　刷：北京晨旭印刷厂
经　　　销：新华书店
开　　　本：720mm × 1000mm/16
印　　　张：9.75
字　　　数：124 千字
版　　　次：2014 年 10 月第 1 版　　2014 年 10 月第 1 次印刷
书　　　号：ISBN 978 – 7 – 5096 – 3113 – 3
定　　　价：29.80 元

总　序

中国古代圣贤老子在《道德经》中说："以正治国，以奇用兵，以无事取天下。"意思是说：用光明正道治理国家，用奇妙的计谋领兵作战，用清静无为去争取天下。

治理国家尚且如此，治理一个企业也是同样的道理。俗话说：上行下效。就是说做领导、做上级的如何处理事物、如何为人，都是在为下属和下级做示范。要想把一个企业管理好，那领导就应当以身作则，用光明正确的方法来管理，才能起到表率的作用，才能受人尊敬而令行禁止，无往而不利！

老子就是告诉我们作为一个领导者应该怎样去管理自己的下属和员工，才能使企业更昌盛，使人们都能安居乐业。一个超市的治理涉及方方面面，如何稳健地运行，是每个超市从业者都关心的。

多年以前，笔者一直有个愿望，运用老子的治国理念，治理超市企业。提出按照系统工程的主导思想，以理论为基础、以实操为主线、以模块化为思路的观点，系统地编著一套超市管理的系列丛书，奉献给读者，由于各种原因一直未能如愿。

如今经过笔者的努力，终于完成了这套丛书，得以和读者见面，甚感欣慰。

《超市经营管理丛书》包括：《超市店长管理》、《超市员工管理》、《超市商品管理》、《超市生鲜商品管理》、《超市防损管理》五册。

本套丛书的内容全面、丰富、翔实。每本书既自成体系，各书之间又相互关联成为有机的整体；既有国外超市先进的经营理念和方法，也有国内超市成功的经验和事例；既有介绍超市的各个部门功能，也有各个岗位的职能介绍；既有超市的各个区域之间的关联，也有各个岗位的工作流程、操作方法的具体实例等。

本套丛书在编写的过程中，避免了烦琐和空洞的说教，重在实用，多次修改调整，力求展现给读者简单、实用、创新的内容。更重要的是通过本套丛书介绍给读者理念、方法，而不是告诉读者简单的模仿制度和流程，正如老子所说："授人以鱼不如授人以渔。"笔者虽不能解决读者的所有问题，但希望能起到抛砖引玉的作用，确实对读者能够有所启发和帮助。

本套丛书的编著，也是笔者的一个大胆的创新，第一次全面、系统地按照专业模块的思路编著，这样做有利于引导我国超市的发展经营走专业化的道路，促进我国超市走向良性、健康的发展，提升超市的经营管理水平。也确实希望对于推动我国超市的发展做出自己的微薄贡献。

本套丛书不仅适合超市从业者个人学习使用，也适合作为企业的培训教材或大专院校相关专业的学习参考资料。

由于笔者的水平有限，书中难免有错误，在此恳请广大读者予以批评指正。

2014 年 2 月于深圳

目　　录

第一章　概论

第一节　超市经营的特点

超级市场一般是指商品实行开架陈列，顾客自我服务、货款一次结算，以经营生鲜食品、日杂为主的商店。一般简称超市。

一、超市经营

（一）消费对象与购物的特点

1. 消费对象

（1）在城镇，超市以工薪阶层的居民为主要的消费对象。

（2）在农村，超市以普通百姓家庭为主要的消费对象。

2．销售的商品

超市销售的商品是以日常消费品为主的大众必需品。

3．超市购物的优点

顾客自我服务，可以一次性地采购所需的商品（也即通称"一站式购物"），因而节约了时间，价格相比百货商店便宜。顾客不受约束，因而顾客心情好。

（二）评价超市与商品的优劣

1．评价超市经营的优劣

（1）卫生状况。

（2）照明条件（亮度）。

（3）音响效果。

（4）商店设备。

（5）商品组合。

（6）员工服务态度。

（7）顾客服务台。

（8）指示牌、价格标签。

2．评价生鲜品的优劣

（1）商品品质。

（2）保质期。

（3）商品齐全。

（4）单位重量。

（5）包装水平。

（6）商品展示情况。

（7）口味。

（8）员工态度、着装。

（三）商业竞争

商业竞争主要表现在：价格、品质、服务、售后服务。

价格竞争是超市经营第一竞争的基础，价格变化导致了顾客的需求数量，以最低的价格，提供最优质的商品，并带来新的生意，保持较高的购买率。

二、百货商店与超市的区别

（一）百货商店与超市在服务对象上的区别

1. 百货商店

以中高层收入的消费者为主。

2. 超市

以低收入、家庭式的消费者为主。

（二）百货商店与超市服务人员的区别

1. 百货商店

提供较充分的服务，服务人员较多。

2. 超市

提供有限的服务，服务人员较少。

（三）百货商店与超市在价格上的区别

1. 百货商店

装修豪华、成本高，价格较高，毛利也较高，比超市平均高10%～15%，可以大规模的降价销售。

2. 超市

装修简单，统一采购，经营成本较低，毛利低，只能大规模的降价促销。

第二节 超市经营哲学的思考

一、超市销售什么

什么是销售？许多人会脱口而出，销售不就是商品与金钱的交换吗？

可是，在当今的买方市场，销售远不是商品与金钱交换这么简单，而且不是想交换就能交换。为什么同样是连锁经营超市，有的就可以发展壮大，而有的就生存艰难甚至关门大吉？如美国的沃尔玛从当年的一家小杂货店做到今天的全世界最大连锁店。山姆·沃尔顿1962年创办了沃尔玛连锁店，精明的他认为，如果商店能提供足够多的商品和良好的服务，消费者肯定会蜂拥而至。山姆的判断是正确的，沃尔玛正是靠着品种齐全的商品、会员制、国际合作和仓储俱乐部以及良好的服务，获得了越来越多的顾客的信任，经过几十年的努力，终于成为全球的头号连锁店，赚得一桶又一桶的金银。

超市销售什么？超市应该销售经营理念、企业文化、服务。市场营销是一门艺术，更是一门科学。

二、超市需要什么

资金，是连锁超市的血液，还有什么比它更重要！

错了，连锁超市关键是要造血，而经营理念是超市的命脉，是超市经营管理工作的灵魂，它比资金还重要，理念的力量更重于资本的力量。著名的德国经济学家李斯说过："一个国家不可能穷，如果它具有财富的生产力，它的日子就会越来越好，财富的生产力比起财富要好很多倍。"这句话，言简意赅地说明了理念的重要性，理念是力量，理念是效益，经营理念是连锁超市市场营销及营销管理工作的灵魂。

我们平时常说："人，是要有一点精神的。"也有哲学家说："世界上只有两种力量，一种是剑，一种是思想，但思想最终总是战胜剑。"因此，理念能够转变我们的思想，能够转变我们的行为，能够为开拓者开创一项事业，能够彻底改变世界。如"天天平价"是沃尔玛一贯实行的微利战略，这是因为它对每一项开支都严格控制，使顾客在任何时候进店，都能买到物美价廉的商品。而这一定价策略还是来源于沃尔玛创始人沃尔顿的"女裤经验"。

"二战"时沃尔顿当过兵，退役后他想进入零售业。于是，他开了一家小商店，学会了采购、定价、销售。这个时候他结识了来自纽约的一名生产代理亨利·维尼尔，并从他那里学到了定价第一课。

沃尔顿事后介绍说："亨利卖女裤，1 条只卖 2 美元。我们一直也从同一地点购进同样的裤子，但 1 条 2.5 美元。我们发现，如果按亨利的卖价，裤子的销量会猛增。于是我学到了一个看似非常简单的道理：如果我用单价 80 美分买进东西，以 1 美元的价格出售，其销量竟然是以 1.2 美元出售的三倍！单从一件商品来看，我少赚了一半的钱，但我卖出了三倍的商品，总利润实际上大多了。销售其实就这么简单：降低销售价格，你可以起到促销的作用，低价销售比高价销售能使你赚得多。"直到今天，山姆的这一价格哲学也没有动摇。

经营超市都说难，难在哪里呢？问题在哪里呢？有人说是资金问题，有人说是管理问题，也有人说是体制问题，那么是缺资金、缺管理还是缺理念？也许很多的人会认为是缺资金，但其实是缺理念。

三、超市与谁竞争

市场经济的特点是什么？就是竞争。竞争永远不可避免，没有竞争的世界是空白的世界。竞争的形式表现在价格、款式、功能、服务以及品牌、宣传推广。

那么，连锁超市与谁竞争呢？当然是与对手竞争。

那又错了。其实，连锁超市的竞争对象是自己，是时代，而不是同行。竞争的实质是管理、品质、市场营销水平。很多连锁超市在竞争中失败，往往不是被竞争对手打败，而是被自己打败。

如沃尔玛有个"日落规则"——当日事当日毕，是指日落前做好当日工作。一个礼拜天的早上，阿肯色州一家沃尔玛连锁店的药剂师吉夫在家里休息时，接到商店同事打来的电话，说他的一名客户（糖尿病患者）不小心把她购买的胰岛素，扔进垃圾处理箱了。糖尿病人如果缺了胰岛素，将是非常危险的。吉夫立即赶回商店，打开药房，填写了那名客户的处方，把药给病人送去。

这只是沃尔玛店员严格遵守的"日落规则"的一个例子。沃尔玛各连锁店的生意都非常好，店员非常忙碌，大家互相依赖。而当天的事情在太阳下山之前必须干完是每个店员必须达到的标准。不管是乡下的连锁店还是闹市区的连锁店，只要顾客提出要求，店员就必须在当天满足顾客。这就是沃尔玛的工作原则。

"日落规则"是沃尔玛的创办人从"今天干的事为何拖到明天"这句美国谚语中概括出来的，今天它仍是沃尔玛企业文化的重要组成部分，也是顾客一提沃尔玛的店员，无不伸大拇指的原因。

"日落规则"意为，顾客当天提出的要求，沃尔玛必须在当天给出答复。这一规则与山姆的"尊敬每一个人，服务顾客，力求完美"三个基本信仰是完全一致的。沃尔玛店员深知客户生活在一个忙碌的世界里，"日落规则"只是沃尔玛店员表明他们关心客户的方式之一。

四、超市经营的导向是什么

现在几乎所有的企业都在强调"顾客至上"、"顾客是上帝"，其道理不言自明。顾客就是市场，只有企业的一切经营都以顾客为导向，才是把握市场的不二法门。

"以顾客为导向"应该变成一种意识，根植在每个员工的心中。所有生产、研发、销售、服务都围绕着"顾客"这个核心，不只把顾客当作上帝，还要把顾客当作"家人"。对顾客要拿出对待家人般的无微不至的关心，在企业上下形成一种处处为顾客着想的氛围。

在沃尔玛有道谁都不可逾越的鸿沟，即：

（1）顾客永远是对的。

（2）假如顾客错了，请回到第一条。

这正是真正体现了"顾客至上"、"顾客是上帝"的道理。

沃尔玛服务客户的另一秘诀是该公司的"十英尺原则"，即"三米原则"，这同样是沃尔顿首先提出来的。他多次到店里巡视，经常鼓励店员："我希望你向我保证，无论什么时候，当客户与你的距离在10英尺（相当于3米）之内时，你就要注视着他的眼睛，问他是否需要你的帮助。"这就是现在店员们都牢记在心的"三米原则"。

不仅如此，他还把这一哲学思想带到了世界零售业，现在，你可以在世界各地的沃尔玛连锁店里体会到这一思想。

沃尔玛在世界各地的连锁店，有两句最流行的口号："天天平价"与"满意服务"，这两个经营观念给去过沃尔玛购物的顾客留下了非常深刻的印象。"满意服务"这句再简单不过的口号却包含着深刻的内涵，其经营秘诀就在于不断地去了解顾客的需要，设身处地为顾客着想，最大限度地为顾客提供方便。沃尔顿常说："我们成功的秘诀是什么？就是每天每个小时都希望超越顾客的需要。如果你想象自己是顾客，你会希望所有的事情能够符合自己的要求——品种齐全、质量优异、商品价格低廉、服务热情友善、营业时间方便灵活、停车条件便利等。"因此，沃尔玛尽管以货仓式经营崛起于零售业，其经营方式决定了不可能提供过多的服务，但他们始终把超一流的服务看成是至高无上的职责。

由于顾客服务是一种无形的软性工作，因人而异，服务的提供者总会出于心情、身体状况这样那样的原因影响服务时的品质，也会由于每个服务人员的个人素质、经验、训练程度的差异造成服务水平的差异。为了消除服务水平的差异，沃尔玛建立了规范化的服务标准。这些服务标准十分具体简洁，绝不含糊，如美国沃尔玛商场的员工培训时，公司甚至要求员工微笑的标准是上下各露出 8 颗牙齿，沃尔玛这样告诫第一次进店的员工："顾客来到商店，是来给我们付工资的。这样无论如何，我们都要好好对待顾客，永远要尽力帮助顾客，永远要走到顾客的身边，问他们是否需要帮助。"

沃尔玛还提出："我们争取做到每件商品都保证让你满意，可以一个月内退货，并拿回全部货款。"沃尔玛之所以这样做，不仅仅是因为它在保持平价的同时，尽量采购名牌优质产品，商品品质有保证，更重要的是它认为，重新夺回一个顾客所耗费的成本，比保持现有顾客要多 5 倍，因此，沃尔玛宁可收回一件不满意的商品，而不愿失去一位不满意的顾客。

正是这种时刻把顾客的需要放在第一位，善待顾客的优良服务品质，以及在价格上为顾客创造价值的经营战略使沃尔玛赢得了顾客的信任，从而带来了巨大的回报。"顾客永远是对的"。这句沃尔顿对同仁的告诫一直流传至今，并一直在为沃尔玛的繁荣发挥着不可估量的作用。

第二章　超市岗位工作描述

第一节　超市店长

一、店长工作描述

店长是门店的最高领导者，也是连锁超市经营目标的具体实施者，起着承上启下的重要作用，因此店长是一家超市门店的代表，他可左右一家门店的气氛，有时可借店长的举手投足间，使店内充满活力，生气蓬勃；反之，也可使店内充满苦闷，处处艰涩不顺。从某种意义上讲，门店经营得好坏，店长起着重要的作用。

作为店长，虽然每天有很多的例行工作和新问题，但基本都是围绕以下四个方面去做的。

（一）人力资源管理

（1）合理编制，提高效率确定门店各个部门的员工编制，保证合理的人数和效率。

（2）明确职责，让每个经理、主管和员工清楚自己的职责。

（3）培训员工，应循序渐进地训练员工。

（4）帮助员工，并与员工沟通交流，随时协助员工以确保工作的有效进行。

（5）帮助员工，并与员工沟通交流，传达总部的各项信息。

（二）商品管理

（1）遵守商品组织表。

（2）依销售量确定商品陈列面积。

（3）合理保持库存，依销售量维持库存。

（4）保证商品品种丰富不缺货。

（5）随时掌握竞争者的价格，并迅速做出反应。

（三）资产管理

（1）合理选择和使用设备等资产，实行统一采购以降低进价。

（2）维护公司设备的安全，保证设备等资产的登记制度。

（3）确保所负责的门店每个角落的清洁。

（4）保证仓库与店内的商品陈列丰富，整齐。

（5）保证商品存货充足，存货尽量堆放在卖场。

（6）按照分类及售价来陈列商品。

（四）财务管理

（1）控制预算是店长的职责。

（2）使用绩效表的结果制定有效的行动方案。

（3）科学的组织盘点是确保结果的准确性的基础。

（4）控制好每个部门的费用支出。

二、店长岗位职责

直属部门：总部营运部。

直属上级：营运总监。

（一）岗位职责

（1）维持店内良好的顾客服务水平。

（2）维持店内良好的销售业绩、毛利业绩。

（3）严格控制门店的损耗。

（4）维持店内整齐生动的陈列和清洁舒适的购物环境。

（5）合理控制人力资源成本，保持员工工作的高效率。

（6）审核控制店内预算和店内支出。

（7）为超市的发展培训营运人才。

（8）配合防损做好安全防损工作。

（二）主要工作

（1）全面负责门店管理及运作，为顾客提供优质的顾客服务。

（2）负责制订月度、季度、年度销售计划、毛利计划，定量分解下发各部门，并督导落实。

（3）负责店内各项费用支出的核准，以及店内各项费用预算的审定报批落实。

（4）负责与地区总部及其他业务部门的联系沟通，传达并执行营运部的决策、计划。

（5）负责员工业绩考评和审批工作，并在授权范围内核定员工的加薪、升职、调动、任免等，包括对管理人员的选拔和考评。

（6）负责奖金提案的报批和分配方案的审定。

（7）提高销售业绩、服务水平，负责督导商品结构的调整、比重的调整、合作方式的调整和账期的调整。

（8）制定竞争策略，审批竞争商品品质，指导商品促销、广告促销等活动的进展。

（9）营造热情、礼貌、整洁、舒适的购物环境。

（10）严格控制损耗率、人力资源成本、营运成本，贯彻"低成本"的经营策略。

（11）进行库存管理，保证充足的货品、准确的库存及订单的及时发放。

（12）负责主持主管会议，检查各部门执行岗位职责和行为运作规范。

（13）保障营运安全，负责督导清洁、防火、防盗和设备的维修保养。

（14）负责全店人员的培训。

（15）授权值班主管处理店内事务。

（16）组织实施盘点工作。

（三）辅助工作

（1）签发各项店内通告，负责店内各部业务合同的审定和签章事务。

（2）负责店内各项规章制度的制定、维护、完善以及报批审定工作。

（3）负责处理各项突发事件和紧急事件。

（4）负责与政府职能部门或首要部门联系、协调工作，以保证超市正常运作。

（5）协助进行其他门店的人员在本店的在职培训工作。

（6）协助总部有关公共事务的处理。

（7）参加总部的营运例会，并向总部反馈有关的营运信息。

三、副店长（店长助理）

直属部门：门店。

直属上级：店长。

（一）岗位职责

（1）为顾客提供优质超值的顾客服务。

（2）协助店长进行营运的日常工作，并及时向店长反馈信息。

（3）协助店长达到店内良好的销售业绩、毛利业绩。

（4）负责执行店内良好的营运标准和进行生动的陈列、商品促销。

（5）负责对本店的竞争环境的调查和评估。

（6）负责库存的良好维护，包括控制缺货、监督系统订单的正常运行和仓库的管理。

（7）检查店内各部门是否正常运转，并处理异常情况。

（8）组织实施年度盘点。

（9）协调与当地政府部门的公共关系。

（二）主要工作

（1）在店长的领导下行使分管部门的领导工作或被授权处理店长不在时的店内事务。

（2）追踪各部门报表完成情况，审批日常的系统订单。

（3）阅读部门主管工作交接，组织日常的部门经理会议，加强各部门之间的沟通与协调，协助指导处理营运中的难题。

（4）考核管理人员的业绩，检查各部门"营运标准"的执行情况。

（5）制订各部门量化工作指标，包括销售业绩、毛利业绩、库存业绩的指标，审查各部门的完成情况，并上报店长。

（6）起草店内各项费用的预算计划，以及店内人员的合理定编、增编、缩编的建议方案。

（7）起草各项规章制度和通告，完善各管理机制。

（8）负责营运总部的规定、策略和店内制度的解释、传达执行监督情况。

（9）了解管理人员和员工的思想动态并予以正确引导。

（三）辅助工作

（1）在店长不在的情况下，参加总部的营运例会，并向总部反馈有关的营运信息。

（2）协助总部有关公共事务的处理。

（3）及时处理各项突发事件。

（4）与政府职能部门联系、协调、保证超市的正常运作。

（5）检查设备维护及管理的情况。

（6）配合防损做好防损工作。

第二节　部门经理

一、收银部经理岗位职责

直属部门：门店。

直属上级：店长。

（一）岗位职责

（1）维持部门良好的顾客服务水平，树立超市优良的服务形象。

（2）管理本部门员工，确保本部门正确执行营运标准。

（3）认真妥善处理好所有的顾客投诉事件。

（4）保证现金的收发安全，负责收银岗位的人员的诚实。

（5）保持收银区正常的收银秩序，合理安排人力，保证收银通道畅通。

（6）负责收银区域的商品专项促销和收银区域货架的商品陈列的整理。

（7）严格控管本部门人力资源成本和营运费用。

（8）加强收银过程中的损耗防止，包括商品损耗和现金损失。

（9）负责收银机设备的正常运转，能解决和排除简单的设备故障。

（10）负责与门店各个部门进行沟通和配合。

（11）负责员工的培训、评估、考核等工作。

（12）负责整个服务区域的环境整洁、卫生。

（二）主要工作

（1）全面负责店内收货、收银、客服工作的正常运作。

（2）组织本部门的会议，包括每日早会，传达、落实公司的政策，解决工作中遇到的难题，激励部门士气，提高工作效率。

（3）负责所有现金报告、收银报告的审查，通过报告堵塞漏洞。

（4）严格执行服务流程和服务标准，重点检查微笑服务和唱收唱付。

（5）确保收银台前排队人数不超过5人。

（6）检查客服、退货程序是否正确。

（7）检查顾客投诉记录的跟踪情况，处理比较棘手的顾客服务问题。

（8）严格执行培训计划，加强对新进员工在职人员的培训。

（9）负责审批所有部门的自用品的申购，重点控制收银部门的费用。

（10）负责部门人员的排班，保证各个部门的排班满足工作的要求。

（11）负责与其他部门及总部的相关部门进行沟通协调。

（三）辅助工作

（1）进行月度营运标准的检查。

（2）制定各种价单、申购单、考勤表等。

（3）处理突发事件。

（4）月度优秀员工评选。

（5）协调各部门人力调度。

（6）树立防损意识。

（7）加强对设备的维护。

二、食品区/非食品区经理职责

直属部门：门店。

直属上级：店长。

（一）岗位职责

（1）负责本部门所有员工能为顾客提供优质的服务。

（2）负责本部门员工的管理，保证并检查超市工作流程与制度的执行。

（3）负责本部门的所有商品陈列的设计和实施。

（4）负责本部门营运标准的维护，使超市保持安全、整洁、干净、舒适的购物环境。

（5）负责执行全店的销售计划，保证本部门月度、年度销售业绩、毛利业绩达到超市指标。

（6）负责商品的续订货和库存的管理，控制缺货。

（7）负责促销计划的实施、竞争的市场调查和确定本部门的竞争品项。

（8）负责控制本部门的损耗在超市的指标内。

（9）提高劳动生产率，控制人事成本和营运成本。

（10）负责本部门员工的培训、评估、考核。

（11）配合防损部门的防损与安全管理。

（12）组织实施周期盘点、年度盘点。

（二）主要工作

（1）提高本部门顾客服务水平，保证优质、准确、快速的微笑服务。

（2）组织本部门的周会议，传达并执行总部的政策。

（3）巡视收货部，检查每天的进货、存货情况。

（4）检查自营专柜的安全情况和台账记录。

（5）检查本部门各个区域的补货、理货、排面陈列、价格标识、清洁卫生、安全生产等情况，确保总部营运标准的准确执行。

（6）检查本部门商品的保质期和商品存放是否安全。

（7）检查本部门每日零散货的收回情况。

（8）负责卖场的清洁卫生标准的维护。

（9）负责审核本部门各种报表的完成，根据每日各类报表有关销售额和利润统计分析，及时制定促销方案。

（10）审核系统订单和紧急订单等。

（11）负责本部门员工排班。

（12）负责对本部门所有员工进行业绩考核、评估。

（13）制订培训计划，加强对新员工及在职人员的培训。

（14）负责与其他部门及总部的相关部门进行沟通协调。

（三）辅助工作

（1）进行月度营运标准的检查。

（2）制定各种价单、申购单、考勤表等。

（3）处理突发事件。

（4）月度优质员工的评选。

（5）负责协调管理本部门的促销人员。

（6）协调、调配各部门人力。

（7）配合防损部门的防损与安全管理。

三、生鲜经理岗位职责

直属部门：门店。

直属上级：店长。

（一）岗位职责

（1）负责本部门所有员工能为顾客提供优质超值的服务。

（2）负责本部门员工的管理，保证并检查超市工作流程与制度的执行。

（3）负责本部门所有商品陈列的设计和实施。

（4）负责本部门营运标准的维护，使超市保持安全、整洁、干净、舒适的购物环境。

（5）负责执行全店的销售计划，保证本部门月度、年度销售业绩、毛利业绩达到超市指标。

（6）负责库存管理，控制缺货，控制库存周转期符合超市的标准。

（7）负责促销计划的实施，确定竞争品项和开展各种促销活动以提高业绩。

（8）负责本部门生鲜商品的品质检查，为顾客提供新鲜、干净、美味的食品。

（9）负责控制本部门的损耗在总部规定的指标内。

（10）负责本部门区域的清洁卫生标准的维护，加强消防安全管理，避免工伤事故的发生。

（11）组织实施每周的生鲜盘点，核算分部门的经营状况。

（12）负责保证所有的冷库、冷柜的温度保持正常，确保所有生鲜加工设备的正常运转。

（13）负责本部门员工的培训、评估、考核事宜，提高劳动生产率，控制人事成本和营运成本。

（二）主要工作

（1）关注顾客的投诉，检查整个区域内的顾客服务情况，确保无顾客排队的情况。

（2）组织本部门的周会议，传达并执行总部的政策，巡视收货部，检查本日生鲜商品的收货、验货情况。

（3）检查所有陈列在销售区域内商品品质情况。

（4）检查整个部门的清洁卫生标准，检查个人卫生和着装标准。

（5）检查整个部门的补货、理货、价格标识、陈列、安全生产情况。

（6）检查每日变价是否100%正确。

（7）检查先进先出。

（8）确定竞争品项，申请降价和广告，监督促销计划的执行，确保销售，完成超市指标。

（9）检查冷库、冷柜温度是否在正确的温度范围内。

（10）检查商品的保质期和存放的标准是否符合超市的要求。

（11）控制好库存量，缩短商品的周转期。

（12）检查各部门每日损耗登记表。

（13）申请生鲜自用品的订购。

（14）检查零星散货的收回情况。

（15）负责本部门员工的排班。

（16）负责与其他部门及总部的相关部门进行沟通协调。

（三）辅助工作

（1）检查促销员的个人卫生、着装标准、安全生产、顾客服务等。

（2）检查联营厂家的卫生标准、产品品质、安全生产、顾客服务、商品存放等。

（3）组织盘点，对盘点结果进行分析并提出解决问题的相应措施。

（4）组织安排市场调查，并分析结果，提出相应的措施。

（5）部门的安全事项（操作、用电、用煤气）。

（6）进行月度营运标准的检查。

（7）制定各种价单、申购单、考勤表等。

（8）处理突发事件。

（9）月度优秀员工的评选。

四、收货经理岗位职责

直属部门：门店。

直属上级：店长。

（一）岗位职责

（1）负责正确收货程序的执行、退货/换货程序的执行，确保每一单品收/退货正确无误。

（2）负责维持收货口正常的收货秩序，与供应商保持良好的合作关系。

（3）负责调配收货员的各个岗位的收货工作。

（4）严把商品质量关，特别是生鲜品的收货，必须按超市的规范执行质检程序。

（5）检查地磅是否准确。

（6）负责所有叉车司机的培训管理和各种电动、手动叉车的保管使用。

（7）负责对收货周转仓库的管理，确保所有商品的条码摆放安全，收货、退货区域的清楚划分。

（8）保持诚实作风，严格遵守总部有关接受供应商赠品的规定。

（9）负责所有本部门员工的培训、评估、考核等工作。

（10）负责归档案管理所有的收货退货资料及单据。

（11）负责本部门区域内的清洁卫生、安全消防、安全作业，避免工伤事故和商品损坏事故的发生。

（12）负责与其他部门的协调工作，包括电脑中心办公室、生鲜部门、精品部门、后区、家电部门等。

（13）协同配合防损员检查工作。

（14）协助进行盘点工作。

（二）主要工作

（1）主持晨会，阅读工作日志，传达总部的政策和解决工作中的问题。

（2）接受供应商、营运部门、财务的查单，签发收货凭证给供应商。

（3）协同防损部人员控制人员的进出，执行货物的收退程序。

（4）检查地磅是否正确无误。

（5）严格执行扫描程序收货，对无条形码的商品，必须在收货部区域内粘贴完毕才可以收货，收货部有责任指导供应商正确地粘贴条形码。

（6）严格执行品质检查程序，对商品的品质、保质期等进行检查。

（7）加强与营运部门的沟通合作，保障所收的货物及时运送到卖场。

（8）检查退货办公室的情况，统计当日的报损金额。

（9）管理周转库，保证仓库货物的合理摆放和安全码放。

（10）负责收货用具的正常维护和报修保养。

（11）档案管理整齐、有序、完整，便于查档。

（12）当天必须完成核对收货报表的工作，解决遗留问题不能超过一天。

（13）负责本部门员工的培训工作，包括员工业绩考核、评估、考核等。

（14）保障所有收货区域，包括办公区、收货区、周转仓干净整洁，负责本部门员工的安全操作和预防工伤的发生。

（三）辅助工作

（1）协助做好顾客服务工作。

（2）协助防损部门做好防损工作。

（3）进行月度营运标准的检查。

（4）制定各种价单、申购单、考勤表等。

（5）处理突发事件。

（6）月度优秀员工的评选。

第三节 主管

一、收银主管岗位职责

直属部门：收银部。

直属上级：收银部经理。

（一）岗位职责

（1）确保所有人员为顾客提供良好的顾客服务，树立门店的良好形象。

（2）解决好每一单的顾客投诉事件，保持较高的顾客满意度。

（3）执行超市有关的收银程序，保证资金的安全收回。

（4）控制现金差异。

（5）做好本部门的损耗防止工作。

（6）负责收银台的商品促销。

（7）负责收银区域的清洁卫生，配合防损员做好防损工作。

（8）熟悉收银设备的基本运作，能解决简单的故障。

（9）负责与其他部门保持沟通和协调。

（二）主要工作

（1）组织每日晨会，阅读工作日志，传达、执行公司政策，解决工作中的难题，分析超市的经营业绩等。

（2）检查收银员的出勤、着装、微笑、消磁、损耗防止、唱收唱付等。

（3）为所有的收银机设置零用金。

（4）确保非开放的收银通道无顾客通过。

（5）保障收银的快速、顺畅、准确，合理安排收银机开放，既节约人力，又没有顾客排队。

（6）协助解决收银员在收银过程中遇到的如无条码问题、价格错误等问题。

（7）为收银员兑换零钞。

（8）营业期间，进行大额提取。

（9）为每一位收银员做班结工作。

（10）分析现金差异，提出解决方案。

（11）负责将收银区域内的零散货收集到散货区域。

（12）营业前检查收银机及其辅助设备是否正常运行，及时排除故障。

（13）做好大宗顾客的结账工作，为有需要的顾客提供帮助。

（14）检查收银机钥匙是否正确保管，收银发票纸带是否正确保管。

（15）协助防损员解决好收银出口处安全门警报问题。

（三）辅助工作

（1）将收银时发现的条码问题、价格问题、包装问题等反馈给商品部门。

（2）每台收银机的用具是否收回。

（3）将收回的衣架、防盗标签送回相关部门。

（4）维持收银区的环境整洁。

（5）协助做好防火、防盗工作。

二、客服主管岗位职责

直属部门：前区。

直属上级：部门经理。

（一）岗位职责

（1）确保部门所有人员的服务标准统一，树立良好的外部形象。

（2）维持良好的服务秩序，提供微笑、主动、热情、细致、快速、准确的顾客服务。

（3）负责与顾客之间建立良好的沟通关系，策划、实施顾客咨询活动，通过信箱和热线电话等多种方式反馈顾客的意见和建议。

（4）解决好每一宗顾客投诉工作。

（5）负责所有的退货符合超市的程序和顾客服务的原则。

（6）负责赠品的正确发放。

（7）负责有足够的购物车、购物篮提供给顾客使用，并确保不丢失。

（8）负责广播系统的正常运行。

（9）与防损员共同完成超市出/入口秩序、安全、损耗防止的工作。

（10）负责在节假日做好团购的促销和大宗顾客服务工作。

（二）主要工作

（1）每日检查员工礼仪服饰、服务标准是否符合超市规范。

（2）检查员工的客服工作流程，以身作则倡导"顾客至上"的经营理念。

（3）做好顾客投诉和接待工作，以书面报告向管理层反馈顾客的意见和建议。

（4）认真正确回答顾客的提问，做好顾客与超市沟通的桥梁。

（5）跟踪每一单大宗购物的收款、备货、出货情况等。

（6）检查进出口的员工服务情况。

（7）检查手推车是否足够。

（8）检查赠品仓库、赠品发放是否按超市标准程序进行。

（9）审批换货，检查每一单的退货是否单货一致，是否所有当日的退货商品在工作结束时已返回卖场。

（10）检查广播系统是否正常运转。

（11）负责本部门员工的排班、专业知识的训练和业绩考核、评估等。

（12）负责门店各个部门之间的协调、沟通。

（三）辅助工作

（1）将退换货发现的主要商品问题通知商品采购部门。

（2）处理顾客遗失物品。

（3）协同送货车队，为大宗送货做好准备。

（4）负责维护本区域的清洁卫生，为顾客提供良好的购物环境。

（5）协助做好出/入口处的客流疏导和安全工作。

三、非食品区主管岗位职责

直属部门：非食品部。

直属上级：非食品部经理。

（一）家电部

（1）检查家电提货处，包括商品的存放、提货记录单和送货服务情况等。

（2）核查每日的大家电的台账与实际库存是否相符。

（3）到客服部核查赠品的库存。

（4）影音家电区域的影像播放是否符合要求。

（二）精品/烟酒部

（1）检查所有的精品专柜的锁是否正常，照明灯是否正常。

（2）检查精品仓库是正常，商品的存放是否整齐、有序。

（3）钥匙的管理是否符合公司的规范。

（4）核对重点、贵重的商品的库存的台账与实际库存是否一致。

（5）检查防盗标签的收回和使用情况。

（6）检查试用品是否规范使用。

（7）促销人员是否已经到位。

（三）辅助工作

（1）负责清仓商品的确定和报损商品的核定。

（2）安排人员进行市场调查。

（3）本部门营运办公用品的申购。

（4）与供应商人员保持良好的合作关系。

（5）加强防损意识。

（6）加强对促销人员的管理。

（7）制定各种价单、申购单、考勤表等。

（8）处理突发事件。

（9）月度优秀员工的评选。

四、生鲜主管岗位职责

直属部门：生鲜部。

直属上级：生鲜部经理。

（一）岗位职责

（1）负责维持本部门优质服务。

（2）负责本部门的所有商品陈列，保证总部各项标准、规范的准确执行，使超市保持安全、整洁、干净、舒适的购物环境。

（3）负责完成部门的销售指标、毛利指标、损耗指标、库存指标等。

（4）严格控制商品的进货品质、生产品质、销售品质，检查保质期，为顾客提供新鲜、干净、美味的食品。

（5）执行安全生产的标准，控制营运成本和人力资源成本。

（6）完成永续订单的订货，负责促销计划的实施，确定竞争品项，提高季节性商品的销售业绩。

（7）控制缺货和库存过多，保证仓库商品的安全存放。

（8）负责本部门区域内的清洁卫生标准的维护，加强消防安全管理，避免工伤事故的发生。

（9）实施每月生鲜盘点，核算本部门的经营状况。

（10）负责保证所有的冷库、冷柜的温度保持正常，确保所有生鲜加工设备的正常运转。

（11）负责本部门员工的培训事宜，提高劳动生产率。

（二）主要工作

（1）关注顾客投诉，检查整个区域内的顾客服务情况，确保无顾客排队的情况。

（2）召开晨会，阅读工作日志，传达、执行总部的政策，解决部门的营运难题。

（3）检查所有商品是否在开店前已经陈列好，商品的品质、包装是否符合标准。

（4）检查进货的品质和数量，特别是优惠促销的商品。

（5）检查整个部门的清洁卫生标准，检查个人卫生和着装标准。

（6）检查整个部门的补货、理货、价格标识、陈列、安全作业情况。

（7）检查每日变价是否100%正确。

（8）检查冷库、冷柜温度是否在正确的温度范围内。

（9）检查各部门每日损耗登记表，查找异常情况。

（10）进行生鲜自用品的申购。

（11）完成永续订单和系统订单，处理各种系统的报告，特别是缺货、商品滞销。

（12）检查零星散货的收回情况。

（13）检查先进先出。

（14）检查消毒程序是否正确，清洁程序是否正确。

（15）负责本部门所有员工的考勤、排班、排岗、绩效考核、人员培训。

（16）检查安全操作、安全用水、安全用电、安全用气，加强防火、防损的管理。

（17）负责与其他部门进行沟通协调。

（三）辅助工作

（1）检查电子磅秤的价格与价格牌、价格标签是否一致。

（2）检查促销员的个人卫生、着装标准、安全生产、顾客服务等。

（3）检查联营厂家的卫生标准、产品品质、安全生产、顾客服务、商品存放等。

（4）组织盘点，对盘点结果进行分析并提出解决的相应措施。

（5）组织安排市场调查，及时调整商品结构与品项。

（6）指导对冷库、冷柜和其他设备的正确使用和合理保养。

（7）制定各种价单、申购单、考勤表等。

（8）处理突发事件。

（9）月度优秀员工的评选。

五、面包、蔬果、肉类、海鲜、熟食主管的工作职责

直属部门：生鲜部。

直属上级：生鲜部经理。

（一）面包

（1）负责所有生产原料的订购、验货、存放事宜。

（2）负责检查面包生产是否执行公司的配方和标准。

（3）确定每日生产计划和促销计划。

（4）开发新商品。

（5）检查是否正确执行生鲜试吃程序。

（6）检查所有的烤盘、烤车、烤炉是否清洁完毕。

（7）检查每日的价格标签纸、包装物料、清洁用品等是否够用。

（8）检查面包的生产专用设备是否正常运转。

（二）蔬果

（1）检查本日蔬果的进货品质和数量。

（2）确定每日订货数量、品种和促销计划。

（3）检查保质期、先进先出。

（4）检查冷藏柜、冷藏库的温度是否正确，冷藏是否每日消毒。

（5）检查商品的存放条件是否适宜，存放的方式是否正确。

（6）检查蔬果的包扎的物料是否充足。

（7）检查蔬果加工间的温度是符合标准。

（8）检查菜叶的处理程序是否符合标准。

（9）检查部门的损耗情况和商品的调拨情况。

（10）纠正部门的计价错误。

（11）检查垃圾的处理。

（三）肉类

（1）检查本日白条猪的进货数量和新鲜鸡品质。

（2）核算白条猪的分割毛利。

（3）检查分割、服务、补货等情况。

（4）检查冷藏库的清洁和存放是否符合卫生标准。

（5）检查是否存在交叉感染的危险。

（6）检查清洁程序、清毒程序、解冻程序是否正确。

（7）检查是否正确操作绞肉机、锯骨机、分割刀具。

（8）检查肉类分割间的温度、通风是否正常，是否每日消毒。

（四）海鲜

（1）检查陈列鱼池、储存鱼池是否正常运转。

（2）检查活鲜、冰鲜的进货数量是否优良，进货品种是否齐全，数量级是否足够。

（3）检查制冰机是否正常运转，早班是否有足够的冰使用。

（4）检查杀鱼是否遵循安全程序进行。

（5）检查垃圾的处理。

（6）检查水池的水是否需要更换。

（7）检查死亡海鲜是否已经正确地处理。

（五）熟食

（1）检查所有的商品是否在开店前陈列好。

（2）检查所有商品的品质是否符合要求，有无异物存在。

（3）检查本日的包装材料、价格标签、清洁用品是否足够。

（4）检查各个生产是否执行公司的配方和标准。

（5）开发新商品，制订促销计划。

（6）负责所有生产原料的订购、验货、存放事宜。

（7）检查通宵班的日生产计划。

（8）检查是否正确执行生鲜试吃程序。

（9）检查所有的陈列柜的温度是否保持正常。

（10）检查所有的食品加工设备、食品器皿、陈列柜、运输车、冷藏库是否清洁完毕。

（11）检查清洁程序、消毒程序、解冻程序是否正确。

（12）检查有无叉感染的危险。

（13）检查是否安全用电、安全用气、安全用水、安全使用刀具。

（14）检查凉菜房卫生标准是否符合要求。

（15）检查有无老鼠、苍蝇、蟑螂、蚊子等。

（16）检查生产专用设备是否正常运转。

（17）检查报损商品的品种和总金额。

（六）辅助工作

（1）安排人员进行市场调查。

（2）本部门营运办公用品的申购。

（3）与供应商人员保持良好的合作关系。

（4）加强保安、防盗、员工安全操作的意识。

（5）加强对促销人员的管理。

（6）制定各种价单、申购单、考勤表等。

（7）处理突发事件。

（8）月度优秀员工的评选。

第四节　前区员工岗位

一、收银员岗位职责

直属部门：前区。

直属上级：收银主管。

（一）岗位职责

（1）严格执行顾客服务的原则和个人着装标准。

（2）为顾客提供快速、准确、微笑、主动、礼貌的顾客服务，应答顾客咨询，主动同顾客打招呼。

（3）保持诚实的品质，严格遵守唱收唱付的原则，快速、准确、安全地收取货款，减少现金差异的发生。

（4）负责所有商品的消磁工作，并进行防损方面的检查。

（5）保证随时有足够的零钞找给顾客。

（6）提高扫描的正确率和速度，以提高工作效率。

（7）个人不能处理的问题求助于主管。

（8）熟悉收银机、验钞机、消磁机等设备的操作，能解决简单故障，随时整理好小票纸带、购物袋物品的存放等。

（9）将顾客不要的商品和回收的衣架等放在指定的地方，等待相关人员集中收取。

（10）营业结束和开始前，负责收银台区域的清洁卫生和收银台前小货架的理货工作。

（二）主要工作

（1）严格遵循礼貌规范、服务标准，不能与顾客发生冲突。

（2）负责收银程序规范化、标准化的执行，收银速度和准确性应达到岗位标准。

（3）安全、准确地上交销售款，减少差异的发生。

（4）确保顾客所购的每一件商品均已收银，不得遗漏。

（5）识别伪钞，规范化消磁，注意防损方面的检查。

（6）向顾客推销本日的优惠商品。

（7）营业结束时，将收银的文具、用具归还现金办，并整理好收银小票、购物袋等，将零星散货送到指定地点。

（8）保证收银区域的清洁卫生。

（三）辅助工作

（1）营业开始和结束时，进行收银台前的促销货架的理货工作。

（2）协助整理购物车、购物篮。

（3）协助进行收银区域的客流引导。

二、门店现金办员工岗位职责

直属部门：前区。

直属上级：现金办主管。

（一）岗位职责

（1）负责为每一台收银机设置收银机零用金。

（2）负责为每一位收银主管兑换零钱，并准备足够的零钞以备用。

（3）负责对所有的班结收的钱款进行清点、记录、登记、确定现金差异。

（4）负责清点现金时，查收假钞。

（5）负责与收银主管共同完成营业间的大钞提取工作。

（6）负责将每日的营业款存入银行，办理好存款手续。

（7）负责检查收银员和收银主管借出的用具是否归还。

（8）负责全店钥匙的统一管理。

（9）负责现金办的门控、现金保险柜的管理。

（10）负责向店长和财务部提供规定的现金收支报告，接受财务部的查账。

（11）负责做好每日的现金日记账。

（12）负责现金办的所有单据的存档、整理。

（二）主要工作

（1）检查现金办有无异常现象，包括保险柜、防盗门和报警监视系统等。

（2）阅读工作日志，召开晨会，解决工作中的难题。

（3）准备收银机和收银主管的零钞。

（4）办理银行存款，兑换足够的零钞。

（5）将支票等有价凭证送交财务部。

（6）进行营业期间的大钞提取工作。

（7）负责处理店面授权人员的借还钥匙手续的工作。

（8）清点是否所有的现金袋都已经在营业结束时收回。

（9）负责营业额的清点，清点、记录每一位收银员的班结款项。

（10）负责查找收银差异，对超出一定金额的差异立即上报防损部。

（11）负责账本的登记和日报告的制作，并将报告送交财务部和店长办公室。

（三）辅助工作

（1）负责本办公区域的清洁卫生。

（2）负责配合管理层、防损部的检查工作。

（3）负责本部门办公用品和专用表格的申购。

（4）负责将损坏的收银用具进行维修、追踪。

（5）审批各种价单、申购单、考勤表等。

三、服务台员工岗位职责

直属部门：前区。

直属上级：客服主管。

（一）服务台员工

1. 岗位职责

（1）严格执行超市的顾客服务准则和礼貌礼仪标准，为顾客提供微笑、热情、主动、快速的服务。

（2）负责电话的接听和记录，特别是顾客的建议要及时反馈处理意见。

（3）接待顾客投诉，负责按超市的程序处理顾客投诉。

（4）负责为顾客提供帮助，如广播找人，失物招领、打包等。

（5）负责为顾客开发票等。

2. 主要工作

（1）为顾客提供微笑、热情、主动、快速的服务，树立超市的良好形象。

（2）回答顾客的咨询，为顾客提供各种帮助。

（3）接待顾客书面和电话投诉，平息顾客的抱怨，让顾客感到满意。

（4）提供开发票的服务。

3. 辅助工作

（1）保持服务台的清洁卫生。

（2）协助企划部进行抽奖、公益赞助等活动。

（二）赠品发放员工

1. 岗位职责

（1）严格执行超市的顾客服务准则和礼貌礼仪标准，为顾客提供微笑、准确、快速的服务。

（2）负责按规定向顾客发放赠品。

（3）执行赠品的收货、盘点等程序。

（4）负责赠品库的清洁卫生和商品整理。

2. 主要工作

（1）负责发放赠品，在顾客的收银小票上做标记，同时做发放记录。

（2）进行赠品收货，整理赠品仓库。

（3）负责赠品发放处的安全、清洁、整齐。

3. 辅助工作

（1）协助部门进行赠品的查账和咨询。

（2）将剩余的赠品转交企划部处理。

（三）退换货员工

1. 岗位职责

（1）严格执行公司的顾客服务准则和礼貌礼仪标准，为顾客提供微笑、准确、快速的服务。

（2）执行顾客满意原则，参照公司有关退换货的规定和国家法律，做好退换货工作。

2. 主要工作

（1）熟悉退换货的程序和政策，熟悉收银机的退款操作。

（2）负责解决顾客的抱怨和不满，使每一位顾客都能满意而归。

（3）确保每一单的退款、换货都正确无误，做到单物一致。

（4）负责在营业结束后，将问题商品分别送回营运部门和收货部门。

3. 辅助工作

（1）退货处的清洁卫生。

（2）向营运部门反映产品品质问题较多的品种。

（3）协助家电部门进行商品的品质问题的验证明。

（4）与收货退货组、家电部、精品部保持良好的合作关系。

（四）团购员工

1. 岗位职责

（1）执行公司的顾客服务准则和礼貌礼仪标准，为顾客提供微笑、准确、快速的服务。

（2）负责接待日常的大宗购物的订货、备货、出货等事宜。

（3）负责开展重大节日前的团体购物和重要顾客拜访。

2. 主要工作

（1）接待顾客的大宗购物申请，并协助顾客办理预付货款的手续。

（2）跟进所有大宗购物商品的备货、大包装等情况是否符合顾客的要求。

（3）进行团购的拓展工作，采取人员或电话拜访方式，向顾客推介商品。

3. 辅助工作

（1）协助顾客进行送货事宜。

（2）建立团购顾客档案，节假日举办小型的联谊活动。

（五）迎宾员

1. 岗位职责

（1）执行公司的顾客服务准则和礼貌礼仪标准，为顾客提供微笑、热情、礼貌的服务。

（2）向所有光顾本店、离开本店的顾客问好。

（3）提醒顾客将应该寄存的物品寄存于物品柜。

（4）提醒进场顾客遵守超市的规定。

（5）回答顾客咨询，担当导购的角色。

2. 主要工作

（1）问候顾客，回答顾客的咨询。

（2）提醒顾客携带同类商品进超市寄放存包柜。

3. 辅助工作

（1）注意可疑的人员，并及时报告防损部。

（2）帮助老人或儿童上、下电梯。

（六）广播员

（1）负责所有店内广播背景音乐和固定广播内容的播放。

（2）负责广播广告、通知、顾客找人等内容。

（3）负责广播室的清洁，安全、消防、设备保养等事宜。

（七）推车员

1. 岗位职责

（1）保证购物车及时回收到指定的地点，不堵塞收银通道和进出口。

（2）安全推车，不得碰伤顾客、碰坏商品等。

（3）检查购物车是否损坏，并及时报修。

（4）负责购物车的定期盘点和清洗。

2. 主要工作

（1）每天营业前检查购物车有无损坏。

（2）将推车有秩序地放在指定地方，方便顾客使用。

（3）及时收回购物车，不出现购物车堵塞出口、通道，影响正常秩序的现象。

3. 辅助工作

（1）清洁购物车，发现损坏及时更换、上报。

（2）回答顾客咨询，协助引导顾客流向，确保出/入口的通畅。

（3）协助顾客装卸商品。

第五节　非食品区/食品干货区员工

直属部门：非食品部/食品干货部。

直属上级：部门主管。

一、营业员工作关系

（一）熟悉各个部门与本岗位的关系

1. 员工与人事行政部门

（1）有关请假、工资、福利等事宜。

（2）参加公司培训。

（3）领取工衣柜、工衣等，包括工衣的更换、钥匙的配制等。

（4）工牌丢失的换领。

（5）领用文具、用具。

（6）借阅图书或培训资料。

（7）使用公务车等。

2. 员工与收货部门

（1）使用叉车和卡板，到收货部取货。

（2）将垃圾、纸皮和空卡板运回收货部。

（3）有质量问题的商品的退货或批量退货。

（4）收货部将收货的商品运输到卖场。

（5）对贵重商品和生鲜商品，与收货部一起收货。

（6）查询收货的情况。

3. 员工与收银部门

（1）协助解决顾客投诉的问题。

（2）遇到无条形码或价格错误等，前往收银处解决。

（3）大宗购物的备货。

（4）收回收银区域的零星散货。

（5）接受每日从退换货处退回的商品。

（6）收银部门将回收的防盗标签还给防损部门。

4. 员工与企划部

（1）制作门店 POP 广告。

（2）节假日的装饰、抽奖、促销活动等。

（3）DM（促销）的领取。

5. 员工与信息中心

（1）制作价格标签、价格牌。

（2）进行系统资料的查阅。

（3）领取应该处理的各种营运报表。

（4）申请库存更正和进行系统订货。

（5）清仓标签、自用品标签的领用。

（6）营运表格的领用。

6. 员工与防损部门

（1）发现可疑顾客，需要报告防损部。

（2）发现火警以及任何安全隐患。

（3）出现顾客和员工的工伤事故。

（4）举报内部员工、专柜员工、促销员、供应商等的不诚实行为。

（5）发现防盗门报警，须报防损部。

（6）防损部检查员工的安全标准、卫生标准的执行。

（7）发现严重违反店规的顾客。

7. 员工与工程部门

（1）机器设备出现故障，需要维修。

（2）电话或通信线出现问题。

（3）照明、制冷、通风、下水等出现问题。

（4）店面的建筑部分出现问题。

（5）冷库、冷柜出现问题。

8. 员工与采购部门

（1）促销人员出现问题，与采购部沟通。

（2）供应商送货出现问题，如品质问题、条形码问题、不能及时送货。

（3）订单出现问题。

（4）竞争对手的价格比本店低，或大型的促销活动。

（5）产品滞销，需要退货或清仓等。

（6）建议新品引进。

9. 员工与清洁公司

（1）地板有垃圾或污水。

（2）洗手间肮脏。

（3）下水道堵塞。

（4）垃圾桶垃圾及时清除。

（5）办公室卫生。

（二）岗位职责

（1）为所有的顾客提供优质的顾客服务工作，包括微笑服务、礼貌用语、回答顾客咨询、简介商品等。

（2）保障商品销售，及时对端架、堆头和货架上的商品进行补货。

（3）保证销售区域的每一种商品都有正确的条形码和正确的价格标签。

（4）做好理货工作，按要求码放排面，达到整齐、美观、丰满的效果。

（5）保持销售区域的卫生（包括货架、商品），保持购物通道的顺畅，及时清除空卡板、垃圾等。

（6）进行商品的现场促销以提高营业额。

（7）控制商品损耗，对特殊的商品进行防盗处理，及早收回零星散货和处理破损包装商品。

（8）整理货架库存区和仓库，做到库存商品标识清楚，码放安全，规律有序。

（9）先进先出，并检查保质期，做好过期、滞销商品的登记，以便处理。

（10）负责事先整理好退货商品，填写退货单据。

（11）负责相关的安全操作，包括使用刀具、铝梯，搬运货物等。

（12）具备防盗的意识，特别对容易丢失的商品和可疑的人予以关注。

（13）参加部门的周期盘点和周年盘点。

二、主要工作

（一）补货/理货

（1）补货时必须检查商品有无条形码。

（2）检查价格标签是否正确，包括 DM 商品的价格检查。

（3）商品与价格标签要一一对应。

（4）补完货要把卡板送回，空纸皮送到指定的清理点。

（5）新商品须在到货当日上架，所有库存商品必须标明货号、商品名及收货日期。

（6）必须做到及时补货，不得出现在有库存的情况下有空架的现象。

（7）补货要做到先进先出。

（8）检查库存商品的包装是否正确。

（9）补货作业期间，不能影响通道顺畅，不补货时，通道上不能堆放商品。

（10）理货时检查商品有无条形码，货品与价格标签是否一一对应，货物的正面是否面向顾客并靠外边线整齐码放。

（11）不允许随意更改排面。

（12）破损/拆包货品及时处理。

（二）促销并控制损耗

（1）配合企划部、管理人员做好商品促销活动。

（2）及时回收零星散货。

（3）为特殊商品进行防盗处理，贴上防盗标签等。

（三）价格标识与库存维护

（1）按照规范要求补价格标签和条形码，价格标签等必须放在排面的最左端，商品的店内条形码应贴在规定的位置。

（2）检查有无过期、错误、损坏、污染的价格标签和标牌，剩余和条形码及价格卡要收集起来统一销毁，不得散落店面。

（3）库存商品码放有规律、清楚、安全。

（四）清洁

（1）通道要无空卡板、铝梯、货架配件，无废纸皮及打碎的物品残留。

（2）货架上无灰尘、无油污，样品干净，商品无灰尘。

（五）辅助工作

（1）写好工作日志，做好工作交接，积极参加门店的工作会议。

（2）参加公司举办的营运培训、防损安全培训，配合防损员的工作。

（3）按主管安排的时间和内容做市场调查，市调资料要真实、准确、及时、有针对性。

（4）劝导顾客遵守本店的店规，如不要随意拆包，进入仓库等。

（5）管理好本部门使用的相关器材，如铝梯、封箱胶、打包带、货架的配件等，不要将其放在通道、货架的底下等。

（6）参加周期盘点及年度盘点。

三、试衣间员工岗位职责

直属部门：非食品区。

直属上级：非食品主管。

（一）岗位职责

（1）为试衣的顾客提供优质的服务。

（2）控制试衣间的损耗发生。

（二）主要工作

（1）试衣前，对所有试衣的顾客，发放试衣牌。

（2）试衣后，收回试衣牌，检查服务是否与试衣牌数量一致，是否是顾客拿进去的那种。

（3）营业结束后，将所有试衣间的门上锁。

（三）辅助工作

（1）负责试衣间的清洁卫生，包括地面、试衣镜等。

（2）为顾客提供帮助，如量尺寸、提供建议等。

四、家电岗位职责与相关工作

直属部门：非食品区。

直属上级：家电主管。

（一）岗位职责

（1）按顾客付款小票进行发货。

（2）所有提货的品种必须实行台账记录制度，每日核实商品销售与库存是否一致。

（3）给顾客试机，提供家电方面的咨询服务、商品打包服务。

（4）协助安全员进行稽核方面的检查。

（二）主要工作

（1）核查顾客的小票，按销售发票发货、验机、打包等。

（2）进行销售记录，并请顾客签名。

（3）设立台账，确保每日的库存核实无误。

（4）整理提货处，保证所有提货的品种库存商品的通道畅通、商品整齐。

（5）营业结束后，与安全员一起关闭提货处门禁。

（三）辅助工作

（1）为顾客提供送货服务或协助顾客办理送货服务。

（2）负责提货处的清洁卫生。

（3）安全操作打包机、操作电源等设备，营业结束时关闭电源。

（四）烟酒/百货区工作要求

（1）贵重商品实行先付款、后发货的销售方式。

（2）本部门员工应保证专柜在不进行销售时，处于上锁状态。

（3）一个人不能同时接待多个顾客，确保贵重商品的样品不遗失。

（4）有贵重商品的仓库随时锁门，贵重单品放入保险柜中。

（5）贵重商品的销售实行台账记录制度，每日进行库存核对，每班次进行库存交接。

（6）容易丢失的商品必须在补货前进行防盗处理。

（7）保留所有贵重商品的外包装和说明书。

（8）员工应监督清洁公司对本区域进行清洁工作。

（9）保证所有专柜的清洁卫生和照明灯、线路的安全，营业结束后，关闭所有的照明灯等。

第六节　收货区员工

一、收货文件审核员岗位职责

直属部门：收货部。

直属上级：收货主管。

（一）岗位职责

（1）系统未来三天的送货清单，对全部供应商实行送货电话预约，预约具体送货时间。

（2）受理所有供应商的送货订单，审核订单是否符合要求。

（3）登录收货控管单，核发收货标签。

（4）负责手提电脑终端与主机的数据交换；核查收货资料是否正确，并对已经完成的收货进行系统的定案确认工作。

（二）主要工作

（1）检查商品订单是否符合公司的政策。

（2）按食品、生鲜、日用品三大类核发收货标签。

（3）对每一单收货进行严格的对单工作，确保所有的收货无误。

（4）对当日所有的收货，进行系统的定案确认。

（5）所有收货单据的保存、整理、分类、归档。

（6）与供应商保持良好的合作关系。

（三）辅助工作

（1）执行收货更正的电脑系统操作。

（2）为供应商提供查询服务。

（3）收货办公室所有电脑设备的维护、保养，其他设备的使用管理。

（4）做好收货办公室清洁卫生。

二、收货验收员岗位职责

直属部门：收货部。

直属上级：收货主管。

（一）岗位职责

（1）严格按收货程序接收供应商货物，包括码放程序、区域原则、扫描程序、验货程序、验单程序等。

（2）工作认真、细致、诚实、有条理，确保所有的收货真实、正确、清楚。

（3）执行生鲜食品和冷冻商品优先收货的原则。

（4）指导供应商以正确的方式卸货、码放，贴条形码、改换包装等。

（5）检查核验各种进出道具是否符合放行条件。

（6）进行周转仓的整理，及时将收到的货物送到卖场。

（7）保证收货通道的畅通，及整理空卡板、周转箱、手动叉车等。

（8）负责疏货区域、周转仓的清洁、卫生、安全操作、消防等符合总部标准。

（9）协助防损人员做好收货区域的车辆秩序管理和外来人员和进出控管工作。

（二）主要工作

（1）参加部门会议，服从主管安排的岗位，阅读岗位工作日志，做好交接班工作。

（2）指导和帮助供应商卸货、正确安全码放商品、将条形码贴在商品的正确位置上等。

（3）严格执行区域原则，将未收货物、正收货物、已收货物分清楚并区分开。

（4）检查磅秤是否准确。

（5）验收所有的货物，采用开箱抽检、感官检验等方法，参照总部有关质量标准进行。

（6）负责收货商品的名称与订单一致，收货数量、重量准确无误。

（7）执行扫描原则，保证所有条形码有效，与商品一一对应，准确无误。

（8）执行先退货、后收货的程序。

（9）与商品部门同事合作完成贵重商品、大家电、生鲜商品的收货。

（10）负责送货到相应的位置，负责整理周转仓的货物，按划分的区域堆放货物，保证收货通道的顺畅。

（三）辅助工作

（1）与供应商保持良好的合作关系，为其提供分内的服务。

（2）收货设备的维护工作（叉车、卡板、磅秤等）。

（3）废旧纸皮的放行。

（4）负责收货区域的卫生清洁工作。

（5）协助防损员做好收货区域的防损工作。

（6）协助进行盘点工作。

三、收货退货员岗位职责

直属部门：收货部。

直属上级：收货主管。

（一）岗位职责

（1）接受营运部门退换货送来的退货，办理退货手续，将商品退给供应商（配送中心）。

（2）按采购部的指示进行批量的商品退货。

（3）接受防损部门送来的空包装商品，进行电脑库存更正。

（4）将各个营运部门送来的报损商品，统一执行报损程序进行报损。

（5）统计每日报损金额，归档退货文件，对已经办理完毕的退货资料交给电脑部进行系统处理工作。

（6）将所有需要退货的商品分类别、分区域进行整理。

（7）负责接收营运部门、服务台送来需要维修的商品，联系厂商维修，并跟踪维修的结果。

（8）负责退货工作区域的清洁卫生。

（二）主要工作

（1）接收营运部门的退货，检查退货单据是否与货物一致，是否有批准签名，批量退货是否与采购部的指示一致。

（2）接受报损商品和防损部门空包装商品，进行报损和系统库存的更正。

（3）存档退货报告和统计各个部门每日、每周、每月报损金额。

（4）通过电话、传真通知供应商来取退货，并为办理退货的供应商办理手续。

（5）将所有退货商品进行整理，确保每一个供应商的退货全部集中。

（三）辅助工作

（1）与供应商保持良好的合作关系。

（2）负责维护商品的跟进。

（3）本部门工作区域的清洁、安全、消防工作。

（4）协助做好年度盘点工作。

第三章 营业前的准备工作

第一节 超市部门管理人员例行工作

一、部门经理例行工作

（一）部门经理每日例行工作

部门经理每日例行工作，如表 3 - 1 所示。

表 3 - 1 部门经理每日例行工作表

时间	程序	责任	使用工具
每日	开店前	①提前到达门店，为工作做准备和计划。 ②组织主管开早会，并提示当日的工作重点。 ③依优先顺序分配工作，保证工作效率。 ④巡视本区域，保证每项工作都能正常进行。	

续表

时间	程序	责任	使用工具
每日	开店前 15 分钟	①带领主管巡视所在区域。 ②货架与端架是否补满。 ③走道是否清洁，必要时通知清洁公司和部门主管。 ④货架是否清洁并有完好的价格牌。 ⑤是否有足够的促销品和存货。 ⑥检查缺货状况，必要时与主管讨论如何订货。 ⑦保持 3 米微笑、热情服务的态度。	①排面原则。 ②清洁标准。 ③促销目录。 ④DM 海报。
	开店后	①与顾客打招呼，3 米微笑服务。 ②检查仓库是否整理及清洁。 ③参加管理例会，提出问题和解决方案。 ④检查各部门是否依盘点计划订货。 ⑤检查并签署前日的收货记录及发票。	
	下午	①巡视卖场：货架及端架是否缺货；如果缺货，是否订货，是否需要调整安全库存。 ②通道是否维持畅通。 ③检查所有积压商品，分析积压原因。 ④分析分类中的单品：高销售、低销售、促销、建议新的陈列。 ⑤分解销量数据，分析问题点。 ⑥有任何疑问，与店长讨论。	周销售报表。 低销售报表。 促销计划。 每日进货报表。 新品资料。

时间	程序	责任	使用工具
每日	下午	⑦检查主管工作。 ⑧检查员工交接班时间是否充分利用。 ⑨在员工下班前，巡视卖场及仓库。	
	晚上	①检查晚班员工（钟点工）工作，是否有效率。 ②检查主管是否依序号控制验收单及退货单、报损单。	

（二）部门经理每月例行工作

部门经理每月例行工作，如表3-2所示。

表3-2　部门经理每月例行工作表

时间		责任	使用工具
每日	值班	①巡视全店。 ②负责该区域所发生的问题。 ③保证员工和主管坚守岗位。 ④检查上次的巡视记录，确保问题都已得到跟踪与解决。	
每周		事先制订部门巡视计划，每天与主管一起巡视一个部门，应注意： ①与店长一起检查市场调查报告表。	

时间		责任	使用工具
每周		②掌握资料的正确性并迅速反应。 ③与主管沟通商品及销售状况。 ④提出促销计划并按时更换端架。 ⑤员工训练计划。 ⑥与主管一起审核该部门最畅销的 50 种商品，发现最好的商品以进行大量订购和促销。 ⑦巡视中审核陈列指南。 ⑧让每个主管报告缺货情况，滞销商品数。 ⑨巡店应由仓库开始，仔细巡视仓库，仓库应有条理，没有不完整包装箱，没有混装商品，没有清仓商品，没有放在仓库超过 30 天的商品。 ⑩与主管讨论促销计划。 ⑪所有促销商品是否都有销售记录。	市场调查报告。 与采购沟通时间表。 端架控制表。 培训计划表。 周销售报表。
每月		在输入电脑前确认库存卡上的正常月销售数量与促销数量，每月检查下列事项： ①销售量，畅销，滞销。 ②退佣百分比。 ③员工工作时数。 ④在必要时，需用大盘点来确定毛利盈亏。 ⑤检查低销售报表，并决定替代已删除的单品。	

续表

时间		责任	使用工具
每月		⑥应召开部门绩效会议，了解哪些部门的效益最好，与主管一起审核各部门的效益情况，明确其效益目标。 ⑦每月底应选出单品促销竞赛的优胜者，同时做好新的单品促销计划。 ⑧是否已经记录所有的滞销商品？取消商品是否已被确认。	市场调查报告。 按结构的单品表。 盘点计划。 低销售日报表。 毛利报表。 部门绩效。 删除/取消。 单品建议表。

二、主管例行工作

（一）收银部门主管营业前

（1）发放备用金及零钞，与财务交接各种单据。

（2）银行 POS 机电脑单及银行手工压卡单交出纳。

（3）与电脑部对接上日收银时存在的问题。

（4）监督收银员检查收银机设备。

（二）食品杂货部门岗位营业前

（1）参加例会。

（2）检查商品丰满、环境卫生、人员出勤情况等。

（3）检查价格牌和商品是否对应，是否有遗漏和未贴条码的商品。

（4）督促、检查本部门货架、商品卫生。

（三）非食品部门岗位营业前

（1）参加例会。

检查商品丰满、环境卫生、人员出勤情况等。

（2）开单销售区：

1）检查交接班本与实物的核对情况，如有异常立即向经理报告。

2）将前日整理好的购物单与电脑小票交部门记账员。

第二节　前区的准备工作

前区服务的岗位包括：迎宾员、收银员、前台后备、服务台、现金办等。

一、前区员工工作流程

（一）前台收银员工作流程

（1）参加早会（班前会），接受工作分派。

（2）早会（班前会）结束后，迅速走到负责的收银台处。

（3）做好收银机开机前的准备工作。

1）收银员先按如下方式操作：上岗键＋工号＋密码，打开现金抽屉。

2）清点备用零钞后关闭现金抽屉。

3）检查收银机电源连接情况。

4）检查打印纸是否安装良好。

5）检查自用品（蘸水盒、笔、钉书器、记录本、购物袋）是否充足。

6）检查工作灯。

7）检查验钞器。

8）清洁周围环境。

（4）开启通道，拉亮工作灯。

（5）自我仪容检查后，双手交叉放前，立正站好等待顾客光临。

（6）接待顾客付款。

（二）服务台员工工作流程

（1）参加早会。

（2）区域整理。

（3）备好自用品和各种登记本。

（4）仪容自检，准备接待顾客。

（5）处理顾客退/换货及顾客投诉。

（6）及时将顾客退/换商品返回楼面或填单定时送往索赔办。

（7）随时为收银员提供必备的自用品。

（8）处理顾客遗留商品并做好记录。

（9）随时保证前区的区域卫生和安全工作环境。

（10）参加班后会。

（三）前区后备人员的工作流程

（1）参加班前会。

（2）整理、检查购物车、购物篮。

（3）仪容检查。

（4）做好开门迎宾的准备。

（5）为每一位顾客提供购物车或购物篮。

（6）随时维护购物车、购物篮，对损坏的及时送修。

（7）随时巡视楼面，把散放的购物车、购物篮归位。

（8）协助收银员、服务台将中断交易商品或其他商品及时返回楼面。

（9）引领顾客到相应的购物区。

（10）解释顾客问题，解释不了时请求支持。

（11）随时保持前区卫生。

（12）每一位前区后备人员在客流高峰时，有义务承担收银工作。

（13）防损。

（14）参加班后会。

（四）迎宾员的工作流程

（1）参加班前会。

（2）做好区域整理。

（3）仪容自检。

（4）做好开门迎宾准备。

（5）向每一位顾客致意。

（6）每一位迎宾员在客流高峰时期都有义务承担收银工作。

（7）解答顾客的问题，解答不了的应请求支持。

（8）对购物很多、携带不便的顾客应提供帮助。

（9）随时保持前区卫生。

（10）参加班后会。

二、前区服务规范

前区服务规范的岗位或工作台包括迎宾员、收银员、前台后备、服务台现金办等，具体如表3-3所示，前区个人准备如表3-4所示。

表3-3　前区服务规范表

岗位	服务姿势	服务语言	服务内容
迎宾员	站姿： （女）挺胸收腹抬头，双肩打开，双手交叉放前，目视前方，面带微笑，双脚呈"V"字形。 （男）挺胸收腹抬头，双肩打开，双脚打开，面带微笑，目视前方，双手背后交叉。	迎： 早上好！欢迎光临！ 您好！欢迎光临！ 导购： 请您随我来。 送： 谢谢，感谢您的惠顾，欢迎再来。 遇到顾客退换商品： 您好，服务台会帮助您处理退换货，请您随我来。	①3米微笑。 ②迎客。 ③送客。 ④导购。 ⑤为退换货顾客贴退款标签并引领至服务台。 ⑥致谢。

续表

岗位	服务姿势	服务语言	服务内容
前台后备	1. 行姿：轻、稳、快。 2. 其他同迎宾员。	迎： 您好，欢迎光临！ 请您使用购物车、购物篮， 它会给您的购物带来方便。 引导： 请您随我来，那台收银机空闲， 请您到那边交款，好吗？ 请稍等，我来帮助您。 让我来做。 我能为您做些什么？	①购物车、购物篮的发放。 ②引导顾客至开放的收银机处。 ③如收银机读取的价格有异时，跑去核对标准价牌。 ④顾客遗漏或商品需检测时，拿取商品。 ⑤空闲时，协助其他岗位。 ⑥分还顾客遗留商品。
收银员	同迎宾员。	欢迎光临！早上（中午、晚上）好！ 您的东西都选齐了吗？ 请收好，保留好您的小票。 谢谢，欢迎您下次光临。 我该怎样帮助您呢？ 我的收银机空闲，请您随我来， 我来为您结算。	①为顾客结算，准确、快捷的扫描。 ②提供商品信息，解答顾客提问总共××元，您付××元，找您××元。 ③防损、安全。 ④空闲时，引导顾客至你的收银机。

续表

岗位	服务姿势	服务语言	服务内容
服务台	同迎宾员。	您好，有什么可以帮帮您吗？ 非常感谢您给我时间改正错误。 谢谢您的合作（或提的宝贵意见）。 接电话： 您好，××超市门店，我是×××。 能为您做些什么吗？ 对不起，请稍等。 请问您贵姓，贵公司名称、电话。 谢谢您的电话。 欢迎您光临××超市。	①处理顾客退换货。 ②提供各种销售信息。 ③处理顾客遗留商品。 ④接听电话。 ⑤自用品的发放。

表 3-4　前区个人准备

目的	步骤	非语言	避免
尊重顾客，有亲切感	女员工需涂适当颜色的口红		口红避免过于前卫
精神爽朗	清淡自然的化妆，女员工佩戴设计简单的饰物		化妆浓艳，饰物累赘感

续表

目的	步骤	非语言	避免
令工作更感舒服	保持头发的清洁及整齐	保持清爽整洁的外表	头发散乱，头屑跌落身上上不加清理
高素质表现	穿着整洁的制服及正确佩戴工牌		有污渍
对顾客尊重	正确站立姿势	神采奕奕，身体站立，双手自然摆放	左倚右傍，插袋，无精打采的样子
环境清洁舒服令同事及顾客身心愉快	清理及打扫收银台地板的尘埃、垃圾等物		疏忽大意
核查备用金/检查色带、打印纸	清点备用金，按顺序放进现金抽屉，收银机及信用卡机、打印纸及色带的检查	细心	化妆浓艳，饰物累赘感

三、现金办的工作指南与工作流程

现金办公室是超市门店营运现金周转的中心。为了安全起见，现金办公室（简称现金办）一般设置在商店的非营业区，为便于工作，前区设一个服务点。一方面为收银员提供服务，如准备零钞、兑换零钞等；另一方面将前台的收银员收取的现金进行整理、清点、核对，并将清点好的钱钞安全存入银行及投入运营。由于是大量现金周转及存放的地方，所以非授权的人员是不能入内的。

（一）备用现金袋

备用现金袋上都印有不同的字母，每种字母的含义如下：

O 袋——早班起始现金袋。

R 袋——晚班起始现金袋，交接班时做备用金袋。

C 袋——收银员晚班结束袋。

P1 袋——收银员早班下班时现金袋（收银员下岗交班时使用）。

P2 袋——现金提取袋。

（二）现金跟踪管理单

现金办的工作人员每天清点收自收银机的钱钞，当出现短账或超账时应查明原因所在，如果收银员的收银出现问题，他（她）就会收到一张粉红色的现金超短账单，这张单叫现金跟踪管理单，目的是要让收银员意识到自己的错误，并找出原因。

（三）POS 收银机

现金办服务的 POS 收银机包括前台的收银机、卫星收银机等。卫星收银机是指其他单独设置的 POS 收银机，设置若干台收银机，一般包括烟、酒、糖、茶部，精品家电部，化妆品部，服务台等。

（四）工作流程

1. 现金办员工

现金办的员工要比前台员工早 30 分钟到岗，首先准备起始备用现金袋，主管腰包。

每个起始备用现金袋内共 500 元：50 元 × 2 = 100 元　1 元 × 60 = 60 元　20

元 $\times 5 = 100$ 元　　0.5 元 $\times 50 = 25$ 元　　10 元 $\times 10 = 100$ 元　　0.1 元 $\times 50 = 5$ 元

5 元 $\times 22 = 110$ 元

每个主管腰包内共 1500 元：20 元 $\times 9 = 180$ 元　　1 元 $\times 200 = 200$ 元　　10 元 $\times$

55 $= 550$ 元　　0.5 元 $\times 100 = 50$ 元　　5 元 $\times 100 = 500$ 元　　0.1 元 $\times 200 = 20$ 元

服务台设置备用金共 2000 元：100 元 $\times 10 = 1000$ 元　　5 元 $\times 20 = 100$ 元

50 元 $\times 6 = 300$ 元　　1 元 $\times 60 = 60$ 元　　20 元 $\times 10 = 200$ 元　　0.5 元 $\times 50 = 25$ 元

10 元 $\times 31 = 310$ 元　　0.1 元 $\times 50 = 5$ 元

2. 工作交接

以上工作准备好后，与现金办主管办理签出签入手续：现金袋 O 袋，主管腰包，主管钥匙。

3. 现金办主管

现金办主管同防损员将备用金设置在收银机内，关闭抽屉等前区收银员上岗后清点。

4. 防损员

防损员将空 O 袋及时返回现金办。

（五）处理上一班次的销售款

根据收银员日制带的读数核对查找有无超短账，无效交易与"清除交易报告"相吻合。现金办必须对每天大于等于一定金额的超短账进行调查，如果有些情况记录在超短账记录本上，附上发给收银员的粉红色单据（即现金超短账单），研究调查，以便以后改正。

第三节　卖场工作要求

一、理货员日常工作

（一）理货员工作要求

（1）熟悉商品、品种、规格、功能和用途。

（2）掌握商品陈列知识，正确陈列商品。

（3）热情接待顾客。

（4）保证店面及商品清洁卫生。

（5）做好商品的防损工作。

（二）营业前的工作准备

（1）按超市要求穿着工装，佩戴工牌。

（2）提前10分钟到达例会地点参加每天的班前例会。

（3）总结昨天或上一班的工作情况，分享信息。

（4）接受主管的工作分派，做好工作记录。

（5）进行区域整理：

1）清洁卫生。对区域内的地面、货架、商品进行清洁。

2）检查商品陈列是否整齐、丰满、方便拿取。

3）货架的边柜、端头、促销区的商品陈列是否符合标准。

4）是否有商品需要补货，补货时必须遵循先进先出的原则。

5）周转仓是否有新商品未作陈列。

6）是否每一种商品都有相应的价格牌，价格牌是否放在商品的正下方。

7）是否每一种商品都有条形码可供扫描。

8）库存是否合理，有无存货过量或即将到期的商品。

二、营业前工作要求

（一）食品杂货部门理货员

（1）准时上班，参加例会。

（2）清洁货架和商品卫生。

（3）检查商品标价牌和商品是否一致，是否有未贴条码商品。

（4）检查商品是否满架，存量不足时到店内库取货。取货时应注意：保质期短和先验收的商品先上架；取商品时应由上而下，并将挪动的商品及时还原，严禁站在商品上取货及从中间抽取。

（二）非食品部门理货员

（1）准时上班，参加例会。

（2）清洁货架、柜台和商品卫生。

（3）检查标价牌和商品是否一致，是否有未贴条码商品。

（4）和收货部人员一起，根据供应商的送货单对商品进行验收，合格后签字并留下部门联，并将商品带回卖场。

（5）对需要换货的商品，交与收货部收货员，由其换回相同（品种、规格、号码或编码、数量）的商品并按要求进行验收。

（6）清点堆头商品数量并做记录。

（7）检查商品是否丰满，存量不足时及时到店内库取货。取货时应注意：保质期短和先验收的商品先上架；取商品时应由上而下，并将挪动的商品及时还原，严禁站在商品上取货及从中间抽取。

（8）开单销售区：

1）根据交接班记录核对商品数量，如发现异常立即上报主管或经理。

2）检查柜台商品是否丰满，存量不足时及时到仓库出货上柜；出库时应将商品交电脑录单员核查、录入。

（三）商品陈列的作业流程

商品陈列作业是指理货员根据商品配置表的具体要求，将预定好数量的标好价格的商品，摆设在规定货架的相应位置（具体参见本系列丛书之《超市商品管理》）。

第四章 营业中、后的服务标准与流程

第一节 前区营业中服务

一、收银部门

（一）收银主管营业中工作要求

（1）巡视收银区，及时发现并解决问题。

（2）与相关部门对接收银中的问题。

（3）对银行卡出现的问题与银行对接。

（4）了解收银员的服务情况。

（5）与现金办兑换零钞。

（6）抽查烟酒、电器、化妆品、收银员的操作及服务情况。

（7）必要时在收银台顶岗。

（8）处理收银口的各种投诉并向部门经理反馈。

（9）记录当班收银情况，与另一班主管交接。

（二）收银员营业中工作要求

（1）身上不可带现金。

（2）收银台不可放置任何私人物品（计算器、圆珠笔、抹布除外）。

（3）在收银台工作时，不可擅自离岗。

（4）不可任意打开收银机的抽屉查看，点算现金（沃尔玛标准）。

（5）在岗时应随时注意收银台的动态，如发现异常情况，应及时报告主管或经理。

（6）熟悉超市的促销营业活动，以便于回答顾客的询问或主动介绍。

（三）收银员服务标准

要求：唱收唱付，吐字清晰，交付清楚，将找款递给顾客，不允许扔、摔、放。

1. 微笑

微笑，眼神接触及打招呼，如"您好！"

2. 安慰

若超过 4 名顾客在等候付款时，应尽量安慰顾客。如"请等一等，很快就轮到您。"

3. 唱收唱付

入电脑后，应说："多谢！一共×××元钱，我收您×××元钱。""找您×

×元钱，请您收好（请点一下）。"或"您付的钱正好。"；如钱不对，应说："您付的钱不对，请您重新点一下好吗？"收钱后，应说："请您保留好购物小票，退换货应持有小票。"

二、收银员工作程序

（一）日常营业开始

（1）打招呼。如表4-1所示。

（2）顾客来到收银台前，收银台应及时接待，入机前先对顾客购买的商品作大致分类，然后逐一入机。

（3）商品输入收银机时要求正确、规范扫描，仔细核对每个商品与电脑显示的品名、规格、价格是否一致。

（4）不出条码的商品用手工输入，同条码的多件商品清点数量后直接用数量键输入电脑。

表4-1 收银员打招呼

目的	步骤	语言	非语言	避免
提供方便快捷的服务	站在当眼处，让顾客看见	微笑目光接触，神采奕奕，身体站直，双手自然摆放		大笑大嚷，闲谈
尊重顾客	主动亲切地与不同类型的顾客打招呼	您好，欢迎光临	点头，目光接触，轻松愉快，自然亲切的微笑	视而不理，表情呆滞，不耐烦言行

（5）能打开外包装的商品必须打开包装并将实物与电脑显示的规格进行认真核对。

（6）当电脑显示的商品资料与实物不符时：

1）柜台打错价，可在收银主管证明后按低标价售出，差价由部门主管赔偿，收银员做好记录并立即向主管汇报。

2）商品品名、规格、条码（编码）不符时，应委婉地向顾客解释并及时通知部门人员进行更换。

3）顾客私自更换条码，一旦发现，立即报防损部处理。

（7）商品的正常折让由电脑自动执行。

（8）营业中遇电脑故障而无法自行处理，立即通知电脑部。

（9）具备防盗意识。

1）当顾客将超市同类商品带入超市时，收银员应耐心解释并要求顾客存包。

2）开单区购买的商品由超市出收银台时，收银员须核对实物与购物小票，发现异常立即报告防损员。

（10）有硬标签的商品应用解码器逐一取下，软标签的商品在解码器上消磁。

（11）所有商品输入电脑后，应快速、准确地为顾客报出应付金额，并询问顾客否还有其他商品及用什么方式结算。

（12）付款程序。如表4-2所示。

（13）付款方式。如表4-3和表4-4所示。

（14）储值卡结算时应注意：

表4-2　付款程序

目的	步骤	语言	非语言	避免
提供愉快的服务	十步内笑迎每位顾客	您好，欢迎光临！	亲切、自然的微笑，热情招呼	面露不悦表情
方便快捷的服务	移→扫→查→装		微笑、动作熟练	粗心大意，动作缓慢
复核顾客付款总额	唱收唱付	小姐/先生，多谢一共是××元	亲切、微笑，热情致谢	含糊不清，面无表情，语气冷淡
询问顾客的付款方式		请问您刷卡还是付现金。	询问语气、态度热情、诚恳	自作主张

1）刷卡后核对卡、屏的卡号是否一致，并向顾客读出余额，确认后再核对打印的卡号。

2）储值卡余额不足规定金额时，需收回，下班交收银主管。

表4-3　现金付款方式

目的	步骤	语言	非语言	避免
现金付款	复述所收款项	多谢，收您××元。	双手接过款项，语气肯定，说话清楚	面无表情，态度冷淡、恶劣或不耐烦
	请顾客稍等	请您稍等一会。	温和语气	不理不睬
	把找赎及单据交给顾客核对	请您点一下，谢谢！请保留好电脑小票，出门核查，谢谢！欢迎下次光临！	微笑，双手把单据及找赎递给顾客	把找赎放在台上

表 4 - 4　信用卡付款方式

目的	步骤	语言	非语言	避免
信用卡付款	复述所收款项	多谢，一共 × × ×元。		
	复核及查看信用卡的有效期，并请顾客稍等	请您稍等。	微笑、动作熟练	
	查取密码过卡，及输入电脑		行动迅速	
	核对签名	这张卡及单据还给您，谢谢！	微笑，目光接触，双手把单据交给顾客	

3）当收到挂失的储值卡必须交防损员协助处理，同时报告主管或经理。

（15）交接班时应注意：

1）交班人向顾客解释："对不起，我们正在交接班，请稍候。"迅速将营业款、卡等放入钱袋，退出自己的密码，接班人输入自己密码，核对操作员号后立即收银。

2）对所有银行卡机进行结账，分类装订所有单据。

3）收银台所有办公用品——清点、交接。

（二）超市收银管理扫码操作要求

（1）收银员在未接待顾客时应面向正前方规范站立，顾客携带商品前来付款时应使用礼貌用语并向顾客微笑致意，同时身体半侧转，承接顾客所购商品。

（2）收银员在扫码时应将商品从拎篮内取出，不得直接在拎篮内扫码。直接装在推车内商品应先取出并有序置放在操作台前端（可请顾客取出），然后再逐一扫码。

（3）收银员拿取拎篮或推车内商品时，应先将蛋品、玻璃制品等易碎商品及分量较重商品取出扫码装袋，然后将拎篮侧翻，对其余商品扫码操作。向顾客报总价后，在顾客取款间隙将拎篮区分大小整齐摆放在操作台后面。

（4）商品在经过固定式条码阅读器有效阅读范围前略作停顿，完成扫码，收银员勿大幅晃动，以免多读。使用手提式条码阅读器，收银员应左手持商品，右手持阅读器相距2厘米左右勾发读码，勿连勾，以免多读。

（5）读码时收银员应听阅读器所发出的嘀鸣，声音异常应看屏幕显示的读码状况，每完成2~3个商品扫码后，收银员应略看屏幕上的商品名称、价格、数量是否正确，有疑问应进一步查看，禁止不看屏幕连续扫码。

（6）同种商品数量较少，收银员可以逐一扫码，不得对同一商品连扫代替逐一扫码。商品数量较多（4只或以上），收银员应键入数量并核对实物数量是否一致。对包装相近的商品辨明清楚，收银员应避免将不同商品误作同一商品以数量键键入。对包装在一起的搭送赠品，收银员应避免将赠品条形码误作商品条形码扫入。

（7）顾客购买原封整箱商品的，收银员应找到纸箱上内装商品数量说明，以数量键键入并对相应单品扫码。注意保证键入数量的正确与单品取样正确，对数量或者对应单品不能完全确定时，应开箱清点查看。

（8）顾客购买整箱商品，若包装或封条已拆开或有拆开痕迹，收银员应开箱查看商品清点数量。对不透明外包装并有可疑现象的，收银员可以打开包装查看。

（9）经扫码的商品应置放操作台后端，与未扫码的商品保持 30 厘米以上距离。

（10）收银员将全部商品扫码完成将总价报给顾客，按顾客提供的付款方式及金额如实键入 POS 机，找零与 POS 凭条直接交到顾客手中或轻放在零币盘内。顾客购买商品较多时，收银员应关照顾客清点。

（11）商品条形码无法被识别，或识别金额、品名与商品不符，或有漏贴码商品等，应由附近营业员或收银员到超市卖场内，核对价目卡，按价目卡的商品编码输入 POS 机。

（12）某一种商品有较多条形码信息错误的，由收银主管负责通知超市营运商品部门，营运商品部门应在次日前完成补救措施。

（三）退货与调整

（1）在未"小计"前，因顾客原因或者收银员误操作多扫、错扫商品，收银员可用"清某笔"操作。"重打"操作应符合相关规定。

（2）退出、退货（调整）操作权由收银主管与机动收银员负责，对不符合操作要求的，机动收银员或者收银主管不得做退货、退出操作。

（3）超市收银主管、机动收银员应保证一人始终在营业现场，对收款前（已小计）因顾客原因或者收银员错误操作，应作"退出"处理，进行退出操作必须当场核实情况、当场操作，不得拖延。

（4）收银主管、机动收银员因特殊情况均无法到现场做"退出"调整的，收银员应先做"现金确认"，打印出错误 POS 凭条后，重新打印正确 POS 凭条，以重新打的正确凭条与错误凭条作为退货（调整）操作依据。

（5）收款后发觉错误操作需要更正的，收银员应收回错误 POS 凭条，重新打印正确 POS 凭条，以重新打的正确凭条与错误凭条作为退货（调整）操作依据，同时计算应退还或者应补收顾客金额。收款后顾客未离开卖场，提出退调商品的，由收银主管作退调货处理，并在退调货 POS 凭条上签字确认。

（6）顾客离开卖场后要求退货，超市主管以上人员陪同顾客到服务台做退货操作，并在退货 POS 凭条上签字同意。退货应当收回原始 POS 凭条，对仅退部分商品而顾客坚持保留原始 POS 凭条的，收银领班或机动收银员应在 POS 凭条上标明已退货商品。

（7）超市收银主管负责备置操作记录簿，逐笔登录退出、退货（调整）规定权限的操作及原因，并附相应 POS 凭条，操作凭条与销售系统相应记录的金额、笔数应保持一致。

（8）超市收银主管和机动收银员应妥善保管 POS 钥匙，不得违规使用、出借 POS 钥匙或者让其他收银员操作。收银员除在调换就餐期间外不得持有 POS 钥匙，调换就餐期间不得违规使用、出借 POS 钥匙或者让其他收银员操作。

（9）收银主管应在当日或者隔日复核退货（调整）操作的规范性、正确性。

三、收银服务技巧

（一）收银七步法

超市收银员在收款的同时还要监督商品出款台，其实看似简单的工作，在短短的一两分钟内也会给顾客留下深刻的印象。

方法是：在收款过程中只有收银员等待顾客，决不能让顾客在款台多耽误一分钟。

1. 微笑

顾客来交款时首先要自然微笑，让顾客感到选购商品和交款一样是轻松舒适的。

2. 礼貌

礼貌用语一定要用得准确，从而加深顾客对你服务态度的印象和对商场的好感。

3. 快速

超市收款的过程是在钱款清楚和物品清楚的前提下，迅速而完美地完成每一次交易。

4. 清晰

不能因为速度过快而少说话，而且在唱收唱付的同时，声音要清晰洪亮，把每一角每一分都要说清楚，然后用双手递出钱款、卡和 POS 凭条。

5. 欢送

这是最重要的一步，在交易完成后要以真诚的语气说"欢迎下次光临"。

6. 先道歉

不管发生怎样的矛盾，即使是顾客的不对也要先道歉，做到换位思考，然后再合理地为顾客解决所出现的问题。当顾客心情缓解后，解决问题便会更顺利。

7. 多了解商品

多了解超市的所有商品，如方位、品牌、大概价格等。一旦顾客询问就能提供方便、快捷的答复。

（二）零钱准备

为了应付找零及零钱兑换的需要，每天开始营业之前，收银员应将零钱准备妥当，并有顺序地铺在收银机的现金盘内。常用的技巧有：

（1）零用金应包括各种面值的纸币及硬币，其金额可以根据营业规律来决定，每台收银机每日的零用金应相同。

（2）收银员在营业过程中应随时检查零用金是否充足，发现不足时应及时通知收银领班兑换。零用金不足时切勿大声喊叫，也不能和其他的收银台互换，更不能因零用金不足而拒绝收银服务。

四、出现问题时的解决办法

在超市经营过程中，出现收银错误是难免的，或是人为失误，或是机器故障造成。因此在具体经营过程中要引导收银员认真看待每一次错误，对所出现的错误进行反思，并及时采取各种措施进行补救，在真正意义上消灭收银错误。

一般而言，收银错误发生的原因主要有以下几项：

（一）为顾客结账发生错误

为顾客结账发生错误，如多打或少打价钱；由于商品条码模糊、不平整或粘贴错误引起的收银错误；顾客携带现金不足进行临时退货处理产生的错误；现金收付发生的错误等。

处理方法：当结账出现错误时，收银员应先致歉，并立即改正。如果是商品价格多打，且票据尚未打出，可询问顾客是否还要购买其他商品，如顾客不需要，则应重新进行登录；如票据已经打出，应立即收回错误票据，礼貌地请顾客在作废票据上签字，并重新登录一张正确的交到顾客手中。待顾客离去后，填妥"作废票据记录本"，并及时告知主管并签字作证。对于作废票据，应保留。若不慎遗失，不能办理票据作废，应视同收银短缺，由收银员自行负责。所有作废票据应在营业总结账之前办理妥当，不可在结账后补办。若在现金中发现假钞，应立即上报主管领导，对假钞作报废处理。

（二）当顾客携带现金不足时

当顾客携带现金不足时，可建议顾客选择一至两项商品退货，决不能恶言相向，在顾客交付现金后收银员再进行结束交易操作，避免不必要的麻烦。

（三）收银差错

1. 假钞

收银员工作失误导致收银款项中出现假钞，当班收银员应承担相应的责任。

2. 数额差错

收银员上缴现金超过或少于 POS 系统显示的标准数据（误差 5 元以内视为正常差异），处理如下。

（1）超额。超额数必须如数上交财务，对差错责任人提出严肃批评，因此出现顾客投诉情况，除责任人赔礼道歉外，按相应的制度处理。

（2）短款。短款金额由责任人承担。

（四）遇到问题处理

1. 顾客看错价格在结款时吵闹时

耐心劝导请其少安毋躁，并立即请当值主管核查价格并告知顾客。

2. 顾客要求包装所购买的物品时

微笑着告诉顾客："好的，请您先在收银台结账，再麻烦您到前面服务台（同时为顾客指明方向），有专人为您打包。"

3. 收银台前结账顾客排队出现拥挤时

及时通知主管打开空闲收银台，疏散结账的顾客。

4. 商品价签与电脑小标的价格不符合时

向顾客道歉，并由收银主管带领顾客进卖场核实价格后按两者中较低价格结算。

5. 顾客发现收银多收和少收顾客钱时

（1）及时向顾客道歉。

（2）通知主管做差价补偿。

6. 如果发现商品没有条形码时

营业员必须及时检查货物有无条码，及时通知收银主管查询条码，微笑着向顾客解释原因，并询问是否可以先结其他商品。

7. 收银机突然出故障时

向排队结账的顾客耐心解释，迅速请有关人员修理，或安排顾客到其他收银口结账。

8. 收银员没有零钱时

打开呼叫灯，或举起示意牌向收银主管申请零钱。

9. 条码扫不出来时

可以根据条码的数字手工输入，数字也看不清时，应请收银主管帮助到场内检看条码或换条码清晰的商品。

10. 收到假币时

请主管给予适当解决。

11. 顾客结账后想换其他商品时

请顾客到总服务台去处理。

12. 顾客漏装商品已经离开时

收银员及时注意提醒并对顾客遗漏商品发现后做记录，以便顾客查找。

五、服务台人员

（1）参照收银人员的要求操作。

（2）收取礼品包装等其他服务项目的营业款。

（3）按退换货流程，收取顾客退换货款项。

（4）向订购商品的顾客收取顾客退换货款项。

（5）关闭电脑、收银机、保险柜等设备，切断电源，锁好抽屉，做好单据与办公用具的整理及清洁工作。

第二节　卖场营业中的工作流程

一、食品杂货部门/非食品部门

（一）经理营业中

（1）到服务台了解商品退换货及顾客投诉等情况，对退回的商品应从以下方面进行检查。

1）属于标识问题的要检查相同商品生产日期、保质期及产地与标价签是否相符。

2）属于质量问题的要抽查相同商品 1～3 件，证实后立即将其撤下台面，办理退货。

3）属于价格问题的应及时用正确的价格替换，然后查找原因。

（2）负责对本部门投诉的受理、跟踪、处理、反馈和记录。

（3）检查商品展示、陈列和标价签使用情况。

（4）对促销活动要检查促销商品、海报是否到位及海报内容是否一致。

（5）将各类单据按以下方法操作。

1）审核内容是否按公司要求填写。

2）有关单据编号是否正确。

3）审核无误后签名，按公司规定传有关人员。

4）填写不正确的退回。

（6）跟踪商品补、退货情况，与采购员协调，确保销售需要。

1）对存货量不足的商品要核查电脑补货单是否已经补货，数量是否充足。

2）已办理补货手续但未到货的，要督促相关采购员尽快落实到货。

3）对仍未办理补货手续时，要安排人员立即填写"补货单"，交采购部。

4）对顾客急需的商品，直接将商品信息报总部相关采购员，落实货源及到货时间。

（7）对销售数量下降或滞销的商品，应及时了解原因并采取措施。

1）属于季节、假日或天气等因素造成。

2）商品价格是否偏离市场标准。

3）由于商品品质、包装质量较差。

4）款式、颜色、功能、材料偏离市场要求。

5）宣传、促销力度不够。

6）商品展示位置不合理。

7）供货不及时。

（8）对提交的报告和建议，属权限范围内的应及时给予答复，属权限之外的应向店长汇报。

（9）与对班人员共同巡场办理交接，并就管理中的问题进行交流。

（10）当顾客购物量较大时应注意：

1）了解顾客的需求，核查是否有足够的库存。

2）如本超市库存不足应联系其他门店，仍不足时必须联系采购部落实货源，得到肯定答复后请顾客交款。如不能立即满足顾客需求时应请顾客留下通信地址，到货后尽快与顾客联系。

3）顾客有送货需求时，应陪同顾客到服务台办理送货手续。

（11）开单销售区。

1）检查柜组交接班情况，抽查交接班本、各类登记本的登记情况。

2）检查店内库商品进出数记录是否一致。

3）检查交接班本记录的销售数量是否真实。

（12）了解堆头商品销售情况，掌握促销效果。

（二）主管营业中

（1）检查商品展示，陈列是否符合商品陈列要求，商品与价格签是否对应。

（2）检查商品到货及上柜情况。

（3）解决当班期间出现的问题，属权限范围内的应及时给予答复，权限之外的应向经理汇报。

（4）组织人员对市场同类商品进行调查并将信息反馈给经理。

（5）每半个月根据柜组商品销售情况填写"畅、滞销商品统计表"并报经理。

（6）负责退换商品的签收工作。

（7）开单销售区。

1）收到电脑补货单后要求按照公司的补货流程操作。

2）检查商品出库是否及时在交接班本上登记。

3）接到"电脑退换通知单"后，安排人员将需退换商品撤回店内库。

（8）非开单销售区。安排员工进行商品验收、退换货、削价、报损、调拨工作，整理店内库商品。

二、营业员工作要求

（一）理货员的主要工作要求

（1）熟悉自己责任区商品的名称、规格、用途、产地、保质期限、消费使用方法等。

（2）遵守超市仓库管理和商品发货的有关规定，按作业流程进行该项工作。

（3）掌握商品标价的知识，正确标好价格。

（4）掌握商品陈列原则和方法，正确进行商品陈列，同时密切注视商品销售动态，及时补充商品。

（5）搞好货架与责任区的卫生，保证清洁。

（6）保证商品安全。

（7）对顾客的合理化建议要及时记录，并向部门经理汇报。

（二）营业员补货作业流程管理

补货作业流程管理是营业员依照商品各自既定的陈列位置，定时或不定时地将商品补充到货架上去的作业。

（1）定时补货是指在非营业高峰时的补货。

（2）不定时补货是指只要货架上的商品即将售完就立即补货，以免由于缺货而影响销售。

（3）补货作业流程。卖场巡视，商品补充、商品整理，内仓取货（或货架上端取货），标价，补货陈列。

1）营业员进行卖场巡视时，如不需补货可进行商品的整理作业。

①清洁商品。这是商品能卖得出去的前提条件，所以营业员巡视时，手中的抹布是不能离手的，抹布就像士兵手中的枪一样重要。

②商品的前进陈列。即当前面一堆的商品出现空缺时，要将后面的商品移到空缺处去。商品朝前陈列，这样既能体现商品陈列的丰富感，又符合了商品陈列先进先出的原则。

③检查商品的品质。如发现商品变质、破包或超过保质期应立即从货架上撤下。

2）理货员在补货上架时的作业流程如下。

①检查核对欲补货陈列架前的价目卡是否和要补上去的商品售价一致。

②补货时先将原有的商品取下，然后打扫陈列架（这是彻底清洁货架的最好时机），将补充的新货放在里面，最后将原有的商品放在前面，做到商品陈列要先进先出。

③冷冻食品和生鲜食品的补充要注意时段投放量的控制。一般补充的时段控制量是在早晨营业前将所有品种全部补充到位，但数量控制在预定销售额的40%；中午再补充30%，下午营业高峰到来之前再补充30%。

三、部门岗位作业要求

（一）食品杂货部门／非食品部门岗位营业中

1. 销售

（1）礼貌准确地回答顾客对商品位置的提问并引导到商品前。

（2）如顾客购买的商品缺货时，应请顾客稍候，立即到店内库取货，并迅速返回。

（3）如超市无货时，首先对顾客表示歉意并推荐其他替代商品；如顾客明确只要该商品，则立即上报经理，由经理与采购部联系约定送货时间。

（4）顾客付款后应留下顾客的联系地址，要求自提的应到服务台办理送货手续并注明"自提"，货到后通知其前来提货，发货后在购物小票上注明"自提"；如果要求送货的请顾客到服务台办理送货手续，对已发货商品在购物小票上注明"送货"并签名。

（5）随时整理排面，确保商品陈列整齐、丰满。

（6）定期根据商品的销售情况填写"畅、滞销商品统计表"。

2. 调拨

（1）部门调拨时，调出部门必须根据调拨单核对商品编码、品名、数量后送至调入部门，并将实际调拨数量填入调拨单，同时签名。

（2）行政调拨时，部门人员必须审核"调拨单"是否有财务部、店长办负责人的签名。手续齐全后按单发货并在"调拨单"上签字，同时留下调拨单部门联。

（3）打出电脑调拨单后，部门人员应先审核"调拨单"与电脑调拨单上的条码或编码、品名、价格、规格或型号、数量等内容是否相符。无误后在电脑单上签名，留下部门联，将手工单与电脑单同时保存。

（4）门店间调拨时，调出部门人员按调拨单要求将商品与收货人交接，并填写实际调出数后签字，同时留下部门联。调入部门按商品验收程序处理。

（5）调拨商品需妥善包装，防止中途商品损坏。

3. 调价、报损

（1）对需作报损、调价处理的商品，主管或指定人员必须清点商品数量，登记并注明原因请经理签字。接到电脑调价、报损通知后，于执行时间的前一营业日结束后将需调价商品重新打价上架并更换价格签，需报损的与相关部门共同监毁。

（2）接收货部验货通知时，主管或指定人员必须到收货区按验收流程验收商品，签字并带回验收单部门联。

（3）将立即上架的商品送至卖场，打价后上架陈列；不需立即上架的或无存放位置的商品，暂存店内库。

（4）需和供应商办理商品退换货的，由部门人员填写"退换货申请单"，交经理审批后传采购部。接到"电脑退货单"时将需退换商品按类别、供应商归类存放，接退换货通知后，将需退换的商品运至收货部门口，在防损员的监督下按退换货程序办理。

（5）因包装、条码损坏等不能销售的商品，要先检查商品是否还有同类现象，如有要立即将其撤下货架。对于包装损坏的，要用封口机重新封口；条码丢失的，到电脑部补打条码并贴在商品上。

（6）对销售后顾客要求近距离送货的（如送到超市停车场或超市门口、路边等），应用平板车或者购物车将商品送到顾客指定位置。

（7）对于因质量问题而退回的商品，部门人员要立即对同类商品进行检查，发现问题要立即撤下货架。

（8）对商品打价时，要按照商品验收单、调（削）价单、商品调拨单上规定的编码和价格正确对打价机。

（9）价格贴在商品上的粘贴位置要求明显、醒目，但不得遮住商品信息（品名、规格、型号、使用说明、条码等）。

（10）凡有新商品入库，应在一小时内将商品打价、上架陈列。

4. 试衣管理员营业中

（1）顾客试衣时，管理员需按试衣数量按单件和套装的数量分别发放不同颜色、数量的试衣牌。

（2）顾客试完服装后，管理员应核对顾客交来的试衣牌与挂在存包格前的试衣牌是否一致（颜色、数量），并检查试完的服装数量与试衣牌所标的数量是否一致。

（3）把相同试衣牌放在一起。

（4）试衣间需维修时管理员应在当班期内填写好维修单并交给经理。

（5）试衣牌被损坏或丢失时管理员应填写好申领单交给经理。

5. 缝纫管理员营业中

（1）接顾客交来的服装和"服装改动单"时须检查"服装改动单"内容是否正确。

（2）管理员如对修改内容有疑问时须向有关人员询问。

（3）管理员严格按单内容修改，每单应一小时内完成，特殊情况按顾客要求办理。

（4）顾客来取修改后的服装时管理员应检查单、物一致后将改好的服装交给顾客。

（5）使用设备时必须按设备要求操作。设备出现故障时，应于当班期内填写维修单交经理。

（6）物料存量不足时应填写申领单交经理。

（7）每月初按公司要求将上月的"服装改动单"按不同的供应商分类统计并交驻店财务人员。

（8）非工作需要，缝纫室内禁止人员进入。

（二）整理商品

1. 归位整理

经顾客挑选后，货架上的商品容易发生错位、串号现象，营业员须按型号和类别进行分类归位，这项工作可以随手进行。

2. 配合管理

有些成双成对的商品，如袜子、手套等，营业员要随时检查、清理，保持左右相符，大小型号相同，色泽一致，式样一样。

3. 折叠整理

有些挑选性强的商品，如床单、毛巾、被子、床罩、内衣裤、服装等，往往因顾客挑选而乱堆乱放，营业员要及时进行折叠、整理，摆放好。

4. 挑选整理

有些生鲜商品易混合，被顾客随意丢放，如水果、蔬菜、水产品、制成品等，要勤检查，随时将腐烂变质的商品剔除出去，注意分级、分类并归位。

（三）添补商品

（1）在营业过程中，营业员要及时检查并添补柜台上、货架上已售完的商品。

（2）添补的商品从仓库提出后，要进行整理，摆放在原放这种商品的地方。

（3）要注意保持柜位、货架上的商品陈列齐全，不能让柜台、货架出现空当，影响顾客购物。

（四）拆包和分装商品

营业员要经常检查需要进行分装、分包的商品，对已售完的商品或在营业前准备得不够的商品，应在营业空隙或在忙闲交替周期较长的时间里，组织好力量进行拆包和分装，以保证销售不致中断。

（五）检查商品价格标签

在销售过程中，商品和商品价格标签经常会被拿开或放乱，应及时检查，随时发现随时归位，以免给顾客造成错觉，引起不必要的误会。检查商品价格标签应从以下几个方面进行。

（1）应行明码标价制度，必须做到标价签价目齐全，标价准确，字迹清晰，货签到位，一货一签，标识醒目，价格变动时应及时更换、商品价格一律使用阿拉伯数字标明人民币金额。

（2）商品标价签应包括品名、产地、规格、计价单位、零售价格等主要内容，标价签有专、兼职物价员或指定专人签章。

（3）销售商品中不同品名的商品有下列情况之一的必须实行一货一签：产地不同、规格型号（款式）不同、等级不同、材质不同、商标不同。

（4）标价签或价目表中标明人民币金额必须采用元为单位。

（5）削价处理商品必须公开标出商品的原、现价，以区别于正常商品价格。

四、促销员的工作

（一）促销员工作的重要性

著名的销售数字法则：1∶8∶25∶1，即影响 1 名顾客，可以间接影响 8 名顾客，并使 25 名顾客产生购买意向，1 名顾客达成购买行为。依次类推，如果促销员得罪了 1 名顾客，那么也会带来相应损失。由此可见向顾客提供优质的产品或满意的服务是每一位促销员的重要职责。

（二）优秀促销员应具备的基本素质

促销员是顾客能接触到的唯一供应商的人员，促销员代表着供应商的形象，顾客在没深入了解产品之前，对供应商的感知直接来自促销员给他的感觉和印象。让顾客从衣兜里掏出钱来购买供货商的产品是一个艰难的过程，促销员必须有充足的理由让顾客愿意购买产品，并让顾客感到所购买的产品是物超所值的。要做到这一点必须详细的、耐心地讲解所售的产品功能，而且让顾客明白这种功能正是他需要的。做到这一点需要促销员在促销过程中运用大量的促销手段和促销技巧。

促销员良好的促销服务可以为供应商培养大批忠诚的顾客和提高品牌知名度，并且可以培育潜在的市场，因为良好的促销服务可以使顾客做到以下五点：

1. 热爱公司、热爱岗位

一名优秀的促销员应该对所从事的促销岗位充满热爱，忠诚于公司的事业，兢兢业业地做好每件事。

2. 热情主动的服务态度

促销人员还应具备对顾客热情主动的服务态度，充满了激情，让每位顾客感受到良好的服务，在接受促销员的同时来接受促销员的产品。

3. 敏锐的观察力和洞察力

优秀的促销员还应具备对顾客购买心理的敏锐观察力和深邃洞察力，只有这样才能清楚地知道顾客购买心理的变化。了解了顾客的心理，可以有针对性地进行诱导。

4. 高超的语言沟通技巧和谈判技巧

优秀的促销员还应具备高超的语言沟通技巧及谈判技巧，只有具备这样的技能，才能让顾客接受促销员的产品并在与顾客的价格交锋中取胜。

5. 良好的心理素质

除以上素质外，还应具备良好的心理素质。这很关键。因为在促销过程中，承受着各种压力、挫折，没有良好的心理素质是不行的。

（三）促销员的工作要求

1. 仪表规范

促销员不仅是供应商的形象代表，也是超市对外的形象代表。干净整洁、落落大方的仪表给顾客以良好的感觉，应该时刻地注意自己的仪表形象。工作期间应该做到如下要求：

（1）注意发型不宜太夸张，包括头发颜色、头发形状。

（2）化妆要适宜，不宜浓妆。

（3）不能戴太大的耳环。

（4）指甲不要留得太长，也不要染色（化妆柜促销员除外）。

（5）着装要求统一、整洁大方，不能穿休闲类服饰。

（6）要求穿高跟鞋。

（7）不要吃有异味的东西，避免口中有异味。

2. 用语规范

促销员应保持热情主动的促销意识，针对不同的情况，及时对光临的顾客礼貌问候，主动介绍，让顾客在愉快的气氛中接受促销员的推荐，促成购买。促销员在整个销售过程中，尽量要做到热情大方，但不必过于谦卑，用热情的服务来打动顾客，感染顾客。工作中使用礼貌用语，做到彬彬有礼，和蔼可亲如表4-5所示。

表4-5　用语规范

不同情况	针对性用语
见到来售点的顾客	"您好，欢迎光临！"
称呼顾客	应使用：您、老师、师傅、先生、大姐、小姐等礼貌称谓。

不同情况	针对性用语
对购物顾客表示感谢	"谢谢您!""欢迎再次光临!"
对未购物者	可使用"没有关系!""欢迎下次光临!"等鼓励性话语。
不能立刻接待顾客	"对不起,让您久等了!"
介绍产品时	"让我为您演示一下产品的功能,好吗?""请您看一看我们的产品介绍,好吗?"
让顾客等待之后	"抱歉,让您久等了!"
在请教顾客时	"对不起,请问您贵姓?"
在向顾客道歉时	"非常抱歉,给您添麻烦了!"

3. 产品介绍

(1) 简略介绍货品的特性、优点及好处。

(2) 给顾客专业感。

(3) 介绍时展示货品,保持微笑,留意顾客反应,仔细聆听他们的问题。

(4) 介绍时避免喋喋不休说个不停。

4. 服务内容

(1) 言语举止符合规范。

(2) 对产品及相关专业知识谙熟,当顾客的好参谋,不浮夸产品功能或功效。

(3) 热情、自信地待客,不冷落顾客。

(4) 顾客较多时,应"接一、待二、招呼三"(重点接待某位、分发宣传品给几位、回答另一位的提问或提供帮助),要借机造势,掀起销售高潮。

(5) 耐心待客,不得有不耐烦迹象。

（6）为顾客拿产品或进行包装时应熟练、正确，递给顾客时应使用双手。

（7）不管顾客是否购买，均应文明待客、礼貌送客。

（8）不强拉顾客。

（9）不中伤顾客。

5. 售后服务处理

（1）对购买后的回头咨询的顾客，应热情、耐心地予以解答。

（2）对待投诉，应热情地接待，确认投诉内容是否确因本厂家的产品或服务引起的；若不是也必须耐心解释。

（3）确因本厂家的产品或服务引起的，应确认是否使用不当引起的；对于用法不当引起的，应悉心讲解，并表示歉意。

（4）确因质量问题引起的，应予以退、换货，并表示歉意（若企业允许，可送给某种赠品等），但要遵守有关退换货规定执行；处理后需取得卖场的盖章证明，并上报厂家。

（5）问题较严重的，应先安抚好顾客情绪，并马上向业务主管或其他上级汇报。

（6）业务主管必须迅速核定事实，与顾客取得联系（最好登门拜访），表示歉意，安抚其情绪，了解其需要，商洽合适解决办法，达成初步谅解；注意不可拖延，以防事态扩大。

（7）马上向厂家提出申请，获准后方可执行；厂家必须迅速做出决策，不可拖延。

（8）及时与顾客协调处理，并取得相关部门证明（如鉴定报告、诊断病历卡、费用发票等），签订投诉处理协议，达成正式谅解。

（9）月底将所有相关资料（购物小票或证明、相关部门证明、顾客有效证件复印件、上级批复的申请、协议等）寄回厂家。

（10）整个处理过程应注意隔离事件，严防事件被媒体进行不利的报道。

第三节　营业后工作要求

一、前区工作要求

（一）主管营业后

（1）检查收银员关机及营业结束工作。

（2）下班后收银员必须退出营业结束状态。

（3）所有收银设备关闭。

（4）对所有银行卡进行结账并关闭银行 POS 机设备。

（5）将所有办公用品锁入抽屉。

（6）将收银机防护罩罩好。

（7）收取营业款、备用金及各种单据，并与现金办做好营业款交接工作。

（二）闭店后收银员的日常工作

1. 闭店前 30 分钟

（1）不再给收银员兑换零用金。

（2）盘点收银箱及收银中心的保险箱。

（3）填写收银部盘点表。

2. 闭店后

（1）收取所有的作废小票。

（2）服务台所有退款收据及防损部助理的所有销售退回证明、销售退回记录表。

（3）核对退款收据及销售退回证明。

（4）拿好备用金、营业款及各类单据到指定地点填单，金额超过规定须请防损员护卫。

（5）按超市规定的金额留存备用金。

（6）收银员按规定格式填写现金缴款单，要求字迹工整清晰，不得涂改。

（7）开单销售区收银员将单据按柜组分类装订，在现金缴款单上分类注明并统计张数、金额和总计金额。

（8）拿好现金缴款单、备用金。营业款到指定地点交主管签收，收银员将备用金有序地放入保险柜内，并在登记本上签名。

（9）晚班收银员须待顾客全部离场后方可退出工作状态，再按规定关机，锁好收银专用章及办公用品，交出钥匙，罩好机罩。

（三）闭店后前区其他岗位的工作

请参照收银部门的工作执行。

二、卖场工作要求

（一）食品杂货部门

1. 经理营业后

（1）检查本部门到货及上架陈列情况。

（2）商品调架、调价、单品盘点、商品抽盘时，做好人员安排和相关区域的协调工作。

1）商品调架。安排本部门人员按照调拨单将待调出商品妥善包装，送至需调入部门并办理交接手续；调入部门将商品按进货处理。

2）商品调价。安排本部门人员将标有商品原价格的打价纸或条码取下，同时根据调价单更换新的价格或条码。

3）商品抽盘、单品盘点。安排本部门人员配合财务部抽盘小组人员进行抽盘、盘点。

（3）召开晚会，总结当天工作。

2. 主管营业后

（1）参加晚会。

（2）督促员工及时补充商品。

（3）检查商品整理情况。

3. 营业员营业后

（1）根据存货情况及时到店内库出货，保证货架商品丰满。

（2）整理排面。

（3）参加晚会。

（二）非食品部门

1. 经理营业后

（1）检查到货及上柜情况。

（2）如有商品调架、调价、单品盘点、商品抽盘等，要做好人员安排和相

·关区域的协调工作。

1）商品调架：安排人员按照调拨单将待调出商品妥善包装，送至需调入部门并办理交接手续；调入部门将商品按进货处理。

2）商品调价：安排人员将标有商品原价格的打价纸或条码取下，同时根据调价单更换新的价格或条码。

3）商品抽盘：安排人员和店内库人员配合财务部抽盘小组人员进行抽盘、盘点。

（3）开单销售区。

1）检查交接班本与实物核对的情况。

2）检查当日销售统计报表的填制工作。

2. 主管营业后

（1）参加晚会。

（2）督促员工及时补充货架商品。

（3）开单销售区。

1）检查柜台商品整理及交接班本与实物核对情况。

2）按收银员编号分类收集整理当日销售商品的购物单和电脑小票。

3. 营业员营业后

（1）开单销售区。

1）根据柜组存货情况及时到店内库出货，保证柜组商品丰满。

2）按照当天购物单销账，将购物单整理交主管，并将柜台上锁后钥匙交主管保存。

（2）非开单销售区。

1）检查商品是否丰满，及时补货并进行整理。

2）商品不足时立即到商品暂存地将商品取出上架。

4. 缝纫、试衣管理员营业后

（1）清点试衣牌，将同色、同号的试衣牌对应并放在一起。

（2）如顾客超过约定时间 24 小时仍未取服装，应报经理处理。

（3）检查各种缝纫设备。

（4）清点各种物料与有关单据。

（5）参加晚会。

第四节　收货员服务与流程

一、商品验收标准

（一）食品

（1）检查商品型号、规格是否一致。

（2）检查商品的包装、生产日期、有效期或保质期。

（3）进口商品要有中国商检的标签。

（4）大包装内有小包装的要抽检。

（二）生鲜商品

（1）检查新鲜程度、颜色、气味。

（2）称重，扣除皮重和一定的水分以及消耗重量。

（3）鲜鱼要快速称重、快速加水。

（三）非食品

（1）检查商品型号、规格是否一致。

（2）包装是否完整及要求的配码、配色是否一致。

（3）清洁品要有生产日期、保质期、生产许可证等。

（4）大包装内有小包装的，进行抽检。

（5）进口电器产品必须经我国进出口检验局检验合格颁发"CCIB"标志方能上市销售。

（四）进口食品

1. 检查每件商品上是否贴有卫检激光防伪标签

2. 检查中文标签的 8 项内容

（1）食品名称。

（2）配料表（单一成分的商品无须此表）。

（3）净含量。

（4）保质期。

（5）储藏方法（当与食品的保质期、保存期及储藏条件有关时）。

（6）生产日期。

（7）国内经销商名称/地址。

（8）原产地/原产国。

中文标签中不能有繁体字，必须是规范的中文简体字，日期以年、月、日顺序标注。

3. 供应商送货时需提供

（1）所送的每项商品都需提供一份卫检局开具的该商品的"中华人民共和国深圳进出口食品卫生监督检查局卫生证书"的原件。

（2）同一批商品如再有进货，供应商可以提供卫检证的复印件（每次所送的商品必须与卫检证上的名称、日期、规格、种类相符）。

4. 检查卫生证书应注意

（1）供应商所提供的文件是否是卫生证书副本原件或盖有卫生检验章的复印件。

（2）核对卫生证书上的内容与实际商品是否一致。

（3）卫生证书上的货物数量必须大于或等于实收数量。

（4）卫生证书与附表编号是否相符。

5. 收货部人员验货完毕后，需将"卫检证书"的文本装订在验货单上，转给各部门保管、备查

6. 供应商送货如不提供"卫检证书"或提供的证书与货品不符，收货部可以拒收货品

二、收货管理

（一）收货前期

（1）收货员工合理排班，尤其注意收货高峰期（如盘点后，节假日前期，

每周星期二、三、四）。

（2）生鲜收货时间。

（3）收货用具准备。卡板、叉车、封箱胶带、介刀、货物暂存区。

（4）清洁。有助于提高收货效率和准确率。

1）收货部收到部门传递的"订货/验收单"原件，一式三份。

2）"订货/验收单"分别保管在指定位置，按照部门分别保存。

3）供应商送货。如5:30~19:00为收货时间（5:30~9:00为生鲜专用时间）。

（二）收货中

（1）防损员按先后次序安排送货车停靠在仓台旁，填写"送货车登记表"登记送货车辆。

（2）生鲜食品优先在专用收货仓台收货（可以根据自己的实际条件设置）。

（3）供应商出示"订货/验收单"传真件和送货单（至少两联），在收货窗口交单。

（4）没有"订货/验收单"的商品拒收。需告知收货部经理及相关部门人员，经确认后可补"订货/验收单"。

（5）收货员找到相应的"订货/验收单"原件。

（6）通知供应商将货物送至第一验货区，准备验货。

三、收货流程

（一）验收过程

1. 准备工作

（1）领取收货标签。

（2）检查订货/验收单是否正确存放。

（3）检查扫描条形码的电脑是否运转正常。

（4）前一天的订货/验收单是否已交到相关部门。

（5）电子秤是否正常。

（6）笔和相关记录本。

2. 供应商到来时

（1）防损员合理安排平台停车。

（2）收货员找出相应的订货/验收单原件。

（3）没有订单的货拒收，超过订单的收货须经相关部门主管批准。

（4）供应商将货放在第一验货区，准备验货。

（二）第一次验货

1. 验货时，收货区的收货员要把验货区的门关上，并且允许一名供应商参加验货

2. 收货员核对"订货/验收单"上的商品与供应商所送来的商品是否一致

3. 扫描商品条形码

（1）条形码正确，需求码正确，商品信息正确，扫描正常，可以验收货品。

（2）条形码是伪码，需求码正确，要求供应商贴上合格的条形码标签后，方可验收货品。

（3）条形码与"订货/验收单"条形码不符，需求码正确，在订货/验收单备注栏上记录商品条形码后可验收货物。

（4）条形码正确，需求码正确，部分商品信息不符，在订货/验收单备注栏

记录不符原因后，可验收货品。

（5）商品有两个条形码（如复合包装商品），当商品条形码相同时，应用专用笔对角划去无效码以防止收银员混淆。

（6）条形码无误后，开始验收。不在订货/验收单上的商品和超出订货/验收单数量的商品要通知相关部门，并须有部门经理审核同意后，签字方可验收。

4. 检查商品的数量、质量和称重

（1）每验完一种商品后：

1）立即将实收数量用阿拉伯数字记录在"订货/验收单"的第一次验货处。

2）记录赠品数量在验收单上。

（2）第一次验货完毕：

1）让送货人在验收单上签字，收货员在第一次验收处签字。

2）供应商的送货单和验收单如不一致，则要求送货人改正送货单并签字。

3）完全相符，收货员在送货单上盖章签字。

4）将送货单和"订货/验收单"的供应商联交送货人，核对账目以此单为凭。

5）收货员将"订货/验收单"原件的财务联＋送货单钉在一起插入相应柜组的单据柜中，如表4-6所示。

6）改动送货单数字必须由送货人签字确认，改动收货数字必须由收货人签字确认。

7）收货员工在"订货/验收单"上贴收货标签。

8）商品送到第二验货区。

表4－6 收货单据存放柜

收货单据存放柜		
10	20	31
11	21	32
12	22	33
13	23	34
14		35
		36
		37

（三）第二次验货

（1）收货部门人员到第二验货区验货。

（2）从验收单据柜中取出"订货/验收单"和送货单。

（3）检查商品的数量、质量等。

（4）如数量不符，收货员负责跟踪更正，直至赔偿。

（5）在订货/验收单的第二次验货栏内记录商品的数量和赠品。

（6）在验收单的第二次验货栏内记录商品的数量和赠品。

（7）在第二次验货处签字，至此完成收货工作。

（8）余下单据（订货/验收单、送货单、发票）连同货物运回部门所在地。

（9）单据交给部门的秘书。

（四）送货过程

（1）供应商所送商品已全部验收无误后，收货部人员负责将货送至卖场。

（2）黄线内为收货部工作区，送货时严禁将货物拖出黄线区域。

（3）防损员核实并记录收货部所送的商品，并且签名。部门人员此时应在出货口等候收货部所送商品。

（4）每次送货出入后，收货部人员需将出口的门关闭。

（五）退货过程

1. 部门

（1）月初各部门营业员到超市财务部领取印刷好的退货单，退货单一式三份为连号单，并以部门分类，必须按序号使用。

（2）向供应商确认可以退货后，营业员提供一份退货商品清单给供应商，内容包括商品数量、规格、型号。供应商来取退货时，请携带此单，并盖其公司章以确认。

（3）营业员在退货单的退货栏填写退货的条码、名称、数量和总数并签字。

（4）部门经理检查退货和退货单的明细是否一致，并签字认可。如：非食品区3000元以上，杂货食品区3000元以上，须经财务及店长签字方可生效。

2. 收货部

（1）在供应商到来以后，通知部门将退货送至收货部。

（2）检查退货和退货单是否一致。

（3）检查商品情况，并在第一次验货处记录实际数量。

（4）检查完毕后在第一次验货处签字。

3. 防损员

（1）第二次检查退货和退货单上是否一致。

（2）在第二次验货栏记录实际数量。

（3）检查完毕后在第二次验货处签字。

4. 供应商

（1）供应商在退货单上签字确认，带走退货和退货单时，请供应商提供其公司盖章的收到退货的证明。

（2）供应商下次送货时，将退货的红字发票交给收货员。

5. 验货地

（1）退货单的第一联及供应商确认退货的证明交给部门保管。

（2）退货单第二联保存在验货地，按供应商编号放好。

（3）收货员将红字发票交给部门。

（六）电脑部

1. 单据交到电脑部制单

2. 打印退货商品清单

（七）清洁

废弃的条形码应立即销毁。

（1）所有作废的订货/验收单和退货单必须保存，在月底交给财务部。

（2）所有的空箱子、卡板应按大小放好。

（3）锁门前清洁地板。

（4）关门后，任何东西都不能留在门外。

（5）肉类、鲜货收货后及时清洁。

（6）锁好门窗。

第五章　超市卖场顾客服务

第一节　顾客分析

统计资料表明，超市中 90％的商品是由 60％的回头客购买的。就超市而言，回头客无疑是其重要的客源，而这些回头客正是通过第一次前来购物时，被商家的服务、价格和购物环境所吸引，而成为熟客的，因此超市服务的好坏是吸引顾客的重要因素。

一、认知何谓顾客

（一）顾客是什么

顾客让渡价值一词来源于西方，即整体顾客价值和整体顾客成本之间的差额部分，而整体价值是指顾客从给定产品和服务中期望得到的所有利益。产品是既定的，而服务的范围与界定程度是无尽的。

对于顾客还可以有以下的理解：

（1）顾客是具有消费能力或消费潜力的人，顾客是商业经营中最重要的人。

（2）顾客是超市从业人员和老板薪水的来源。

（3）顾客是超市经营活动的血液。

（4）顾客是超市的一个组成部分——不是局外人。

（5）顾客不会无事登门——而是为"买"而来。

（6）顾客不是有求于超市——而是超市有求于顾客。

（7）顾客会给超市带来利益——超市不会给顾客带来利益。

（8）顾客不是冷血动物——是有七情六欲的人类普通一员。

（9）顾客不是超市与之争论或与之斗智的人。

（10）"顾客至上"，满足顾客的需要就是超市的工作，学习沃尔玛对待顾客的精神，即：

1）顾客永远是对的。

2）假如顾客错了，请回到第一条。

（二）顾客满意

顾客满意是一个心理活动，是顾客的需求被满足后的愉悦感。顾客满意对商场来说至关重要，只有让顾客满意，他们才可能持续购买，成为忠诚的顾客。

现在，要让顾客满意而归是远远不够的，服务不是一成不变的，它应该随着社会的发展而变化。满意是人的感觉状态的水平。它来源于对一种产品的设想的绩效或付出与人们的期望所进行的比较。

据一项在新加坡商场中所作的调查表明，当顾客对劣质的服务不满意的时候，会有如下反应：

（1）70%的购物者将到别处购买。

（2）39%的人表明投诉太麻烦。

（3）24%的人会告诉其他人不要到提供恶劣服务的商场购物。

（4）17%的人将对恶劣服务进行投诉。

（5）9%的人会责备恶劣服务的商场人员。

以上结果说明：提供恶劣服务而使顾客不满意的门店，毫无疑问将失去顾客。因此，超市不能用抱怨程度来衡量顾客满意程度。

一般追踪测量顾客满意的方法有：建立抱怨与建议系统、顾客满意度调查、幽灵购物法，及雇用一些人员装作潜在顾客，以报告本超市与其他竞争者门店间的优缺点，或打电话提出各种问题和抱怨，看超市公司高层的处理模式。

对失去的顾客进行分析，总结失去顾客的原因并予以解决。据调查，在商场购物的顾客首选的便是服务和购物环境，其次才是价格等因素，所以为顾客提供优质的服务是超市门店的立店之本。

（三）掌握顾客的方法

超市必须了解顾客的需求，积极与顾客建立良好的关系。

（1）能最迅速地满足顾客的需求。

（2）了解顾客对超市所卖商品或服务的反应。

（3）面对面地解决顾客的问题。

（4）不同层次的顾客，使用不同的服务方式。

（四）顾客管理

（1）将服务品质视为超市经营首要目标。

（2）了解顾客购买动机。

了解顾客购买动机，并满足顾客的需求（影响顾客选择某种商品的原因就是购买动机，购买动机取决于顾客的要求和需要）。

1）求实，购买动机"实惠"、"实用"。

2）求廉，购买动机"价格"。

3）求方便，购买动机"就近"。

4）求安全，购买动机"安全"、"健康"。

二、影响顾客购买动机的因素

通常包括商品品质、商品价格、媒体广告、商品陈列与展示介绍、经营地段、商品品种、店内环境、服务项目、商业信誉等。

（一）形形色色顾客的购买心理

1. 不同年龄顾客的购买心理特征

（1）老年顾客。喜欢购买用惯的东西，对新商品常持怀疑态度，购买心理稳定，不易受广告宣传影响，希望购买品质好、价格公道、方便舒适、结实耐用、售后服务有保障的商品，购买时动作缓慢，挑选仔细，喜欢问长问短，对营业人员的态度反应非常敏感，对保健类商品感兴趣。接待老年顾客应做到：耐心、放心、贴心。

（2）中年顾客。讲究经济实用，购物较理智，较自信，对能够改善家庭生活条件，节约家务劳动时间，既经济、品质又好，还具有装饰效果的商品感兴趣。喜欢购买已证明其使用价值的新产品。这一类顾客，导购一定要以亲切、诚恳、专业的态度对待，才能被接受。

（3）青年顾客。对消费时尚反应敏感，喜欢购买新颖时髦的产品。购买有时显得冲动，易受外部因素影响，是新产品的第一批购买者。导购要迎合此类顾客的求新、求奇、求美的心理进行介绍，尽量向他们推荐目前较流行前卫的商品，并强调此商品的新特点、新功能、新用途。

2. 不同性别顾客的购买心理

（1）男顾客。多数或经常为有目的的购买和理智型购买，比较自信，不喜欢营业员喋喋不休的介绍，购买动机常有被动性（虽然男性顾客在购买前就选择好了购买对象，但面对导购简短的、自信的、专业的介绍，他们往往会很快地改变主意，听从导购的建议）。选择商品以品质性能为主，价格因素作用相对较小，希望迅速成交，对排队等候缺乏耐心。

（2）女顾客。购买具有主动性、灵活性和冲动性。购买心理不稳定，易受外界因素影响，购买行为受情绪影响较大。乐于接受营业员的建议，挑选商品十分细致，首先注重的是商品的流行性、外观、款式、品牌和价格，其次是商品的品质和售后服务。女性天生有强烈、持久的爱美心理。这使她们在服装、鞋帽、饰品、化妆品方面的需求尤为突出，另外，在生活消费方面，如日常消费品、食品、装饰品、中高档耐用品（家电、家具）等方面，女性的热心程度与购买决策权要远远大于男性，因为她们要减少家庭时间和精力的耗费，从而腾出时间到服装店、美容院、健身房去享受生活。所以导购要注重研究女性的消费购物心理。

3. 不同职业顾客的购买心理特征

（1）工人、农民。大多喜欢经济实惠、牢固耐用、艳丽多彩的商品。

（2）知识分子。大多喜欢造型高雅、美观大方、色彩柔和的商品。

（3）文艺界人士。大多喜欢造型优美、别具一格、有现代艺术美感的商品。

（4）军人。多为别人代买商品，或按图片索取，或请营业员参谋。

（5）学生。购买多集中于文化用品、纪念品、贺卡、圣诞礼物，感情色彩强烈。

（二）顾客购买行为类型

顾客行为千差万别，不同的行为反映不同的心理。因人的性格、所受的教育、家庭环境的不同，往往购物行为也大不相同。

1. 按消费者购买目标的选定程度区分

（1）全确定型。

（2）半确定型。

（3）不确定型。

2. 按消费者购买态度与要求区分

（1）习惯型。

（2）慎重型。

（3）价格型。

（4）冲动型。

（5）感情型。

（6）疑虑型。

（7）不定型。

3. 按消费者在购买现场的情感反应区分

（1）沉实型。

（2）温顺型。

（3）健谈型。

（4）反抗型。

（5）激动型。

（三）顾客类型分析

1. 习惯型

要求动作迅速、很快办完交易手续。

2. 理智型

不受包装、广告宣传的影响，力图挑选最满意的商品，对待此类顾客需要有耐心，实事求是介绍商品，决不能心急图快，对他们的挑剔显出不耐烦的神色。

3. 经济型

一种情形：主动说明价廉的原因，如实指出商品的缺点及减价商品同普通商品在价格、品质方面的异同，这样易取得顾客的信任。另一种情形：告知品质、款式好在哪里。

4. 冲动型

此类顾客喜欢追求名牌和新商品，易受广告宣传影响，应多介绍一些新产品的特点和优点，引起顾客的购买欲望。

5. 想象型

此类消费者的想象力特别强，审美感和欣赏能力比较高。对此类消费者既要做好宣传，又要注意商品陈列，以美丽的造型来吸引顾客。

6. 不定型

此类顾客一般缺乏商品知识和购买经验，属于不购买商品的人，因此在购买时，无固定偏爱，一般奉命购买或顺便购买。对此类顾客，需要有人给他拿主意。

7. 慎重型

这类顾客在选购材料、食品或其他商品时，都是挑挑这个选选那个，即拿不定主意的顾客。对于这类顾客，营业人员不能急急忙忙地说："您想要点什么？"而应该拿出两种以上的商品来，以温和的态度对比介绍。

8. 疑虑型

害怕购买的是伪劣商品或者不合家人心意。对此类消费者，应注意通过示范，解除其疑虑，使其放心购买。

9. 反感型

尽管营业人员介绍的都是真实情况，他也认为是有意推销，这类顾客属于对销售人员介绍商品抱不信任态度的顾客。对于这类顾客，销售人员不应反感，更不能带有怨气来对待顾客。

10. 挑剔型

这类是那种对于介绍的商品"这个也不行，那个也不是"比较挑剔的顾客。营业人员对待这种顾客不要加以反驳，而要耐心地去听他讲，这是最好的办法。

11. 傲慢型

顾客在商品前来回走动，意思好像在说："我是顾客啊！"营业员如果稍稍表现不耐烦或者没有面对着顾客，他就会提出抱怨和指责。对于这类顾客，年轻的营业员会感到不愉快。但是，为了接待好其他顾客，最好采取镇静沉着的态度。

12. 谦逊型

当介绍商品时，他会耐心听，并且说："真是这样，对，对。"对待这样的顾客，不仅要诚恳有礼貌地介绍商品的优点，而且连缺点也要介绍。如有的牙齿不太好的顾客购买食品，不仅要介绍某种食品味美价廉的优点，而且连"稍稍有点硬"等缺点也要一并介绍。这样更容易取得顾客的信任。

第二节　顾客抱怨处理

怎样对待顾客的抱怨？根据美国学者的调查研究，一位不满意的顾客会把他的抱怨转述给 8～10 个人听；而商场如果能当场为顾客解决，95% 的顾客以后还会再来该店购物，但会有 5% 的顾客流失；如果拖到事后再解决，处理好，会有 70% 的顾客再来，但顾客的流失率增加到 30%。由此可见，处理顾客的抱怨对商场至关重要。

一、几种抱怨投诉的类型

（一）对商品本身的抱怨投诉

1. 商品价格

超市销售的商品大部分为非独家销售的民生消费品，顾客对这些商品价格的敏感性都相当高。因此，在价格方面，绝大部分是顾客抱怨该超市某项商品的定价，较商圈内其他竞争超市的定价高，从而要求改善。

2. 商品品质

有些商品品质的好坏无法从外观得知，尤其是顾客买回去之后才发现商品的品质不佳。如生鲜品的味道、颜色、品质呈现不新鲜；冷冻商品不易解冻，或者食用后发生腹泻及食物中毒的现象；干货类商品的内部变质（异物、长虫）；家电商品功能损坏；服装开线，鞋很快就开胶等。

3. 商品完好度

商品买回去之后，发现零组件不齐全，或发现商品有瑕疵等。

4. 商品有效期

顾客发现所购买的或放在货架上待售的商品，超过有效日期。

5. 商品标识不符

顾客对标识不符的抱怨，包括进口商品未附有中文标识，中文标识上的制造日期与原装商品上打印的制造日期不符，商品本身外包装上的说明不清，没有制造日期、用途说明等或其他违反《商标法》的情形。

6. 标签

商品的价格标签模糊不清或有数个价格标签。

7. 价格

商品的标识价格与宣传单上的价格不一致。

8. 缺货

常发生特价品或降价品的缺货，因销售情况佳，以致出现商品卖完不及时补货的缺货现象，或店内没有销售顾客想要购买的商品。

（二）对服务质量的抱怨投诉

1. 超市人员服务态度不佳

不理会顾客的询问要求，回答顾客的语气有不耐烦、敷衍，或是出言不逊等现象。

2. 违规或者错误

食品营业人员不遵守卫生规章操作，操作速度太慢或称重计价发生错误。

3. 促销人员的过激促销行为或误导顾客购买的言语

4. 退换货不能满足顾客的要求

5. 收银作业不当

收银人员不熟练，速度太慢，商品登录错误造成多收货款，少找钱给顾客，不找零钱给顾客，遗漏消磁，遗漏扫描顾客的商品，或者排队过长等待结账的时间过久等。

6. 服务作业不当

如超市提供寄物服务，却使顾客寄放的物品遗失或被调换，抽奖及赠品等促销活动不公平，填写超市提供的顾客意见表未得到任何回应，或者顾客的抱怨未能得到妥善的处理。

(三）购物环境的抱怨未能得到妥善的处理

1. 对安全方面的抱怨

顾客购物时常有伤害事件的发生，购物时被盗窃，地面积水多，易滑倒；儿童发生意外；商品运输时影响行人的交通；货物规程有安全隐患等而引起顾客的抱怨。

2. 对清洁卫生的抱怨

超市对废弃物及垃圾处理不当，造成卫生环境恶劣；货架货柜或商品上的污渍、灰尘过多；生鲜销售区域污水横流，有严重腥臭味，地板有纸箱纸杂物等；购物车/篮太脏；洗手间太脏等。

3. 对其他环境的抱怨

如店内的音响太大、播音员吐字不标准、现场促销声音太大等。

二、顾客抱怨处理的原则与步骤

（一）顾客抱怨投诉处理原则

1. 倾听原则

耐心地、平静地聆听顾客的不满和要求，不打断顾客陈述。

2. 满意原则

这是处理顾客投诉时的首要原则。处理顾客投诉的最终目的不是解决问题或维护好店内的利益，它的结局关系到顾客在经历这一问题的解决后是否愿意再度光临该超市，这一原则和概念应该贯穿整个顾客投诉处理的全过程。

3. 迅速原则

迅速地解决问题，如果超出自己处理的范围之内需要请示上级管理层的，也要迅速地将解决的方案通知顾客，不能让客户等待的时间太久。

4. 公平原则

处理棘手的顾客投诉时，应公平谨慎处理，有理有据说服顾客，并尽可能参照以往或同行业处理此类问题的做法进行处理。

5. 感谢原则

处理结束后，一定要当面或电话感谢顾客提出的问题和给予的谅解。

（二）解决顾客抱怨的步骤

1. 认真倾听顾客的抱怨

员工要有耐心，在倾听过程中，理清问题的原因，分清责任。

2. 员工要对顾客抱怨门店服务过失认可并道歉

这种道歉要发自内心，这一点是不容易做到的。这就要求员工进行换位思考，才能做到将心比心。

3. 针对问题提出一种公平的化解方案

在这个阶段，顾客必须感觉到员工有处理问题的权利和技能。要采取行动，给顾客一种认可的交代。

4. 给予顾客适当的附加补偿

即在抱怨的问题解决之外，再额外地给予其他方面的补偿，包括物质和精神方面等。

三、顾客抱怨处理方法

（一）如何接受顾客的抱怨

（1）要耐心倾听、不要与其争辩。

（2）要从顾客的角度说话。

（二）分析顾客产生抱怨的原因

1. 超市所提供的商品不良

（1）品质不良。

（2）商品标识不清楚。

2. 超市所提供的服务不佳

（1）营业员的服务方式欠妥。

1）接待慢，搞错了顺序。

2）缺乏语言技巧。

3）不管顾客的反应。

4）商品的相关知识不足，无法满足顾客的询问。

5）不愿意将柜台或货架上陈列的精美商品让顾客挑选。

6）送货太迟或送错了地方。

7）不遵守约定，顾客履约提货，货却没到。

（2）营业员的服务态度欠佳。

1）只顾自己聊天，不理会顾客的招呼。

2）紧跟在顾客身后，唠叨着鼓励顾客购买。

3）顾客不买时，马上板起脸孔，甚至恶语相加。

4）瞧不起顾客，言语中流露蔑视的口气。

5）表现出对顾客的不信任。

6）对顾客挑选商品不耐烦，甚至冷嘲热讽。

（3）营业员自身行为不良。

1）营业员对自身工作流露出厌倦、不满情绪。

2）营业员对其他顾客评论、议论。

3）营业员自身衣着不整、浓妆艳抹，举止粗俗，工作纪律差。

4）营业员之间发生争吵，互相不满，互相拆台。

（三）处理过程基本技巧

1. 聆听顾客倾诉

（1）持积极主动的态度。

（2）面带微笑。

（3）保持平静的心情和合适的语速音调。

（4）认真听取顾客投诉，不遗漏细节，确认问题所在。

（5）让顾客先宣泄情绪。

（6）不打断顾客的陈述。

2. 表示同情

（1）善用自己的举止语气去劝慰对方。

（2）站在顾客的立场为对方设想。

（3）对顾客的行为表示理解。

（4）主动做好投诉细节的记录。

3. 询问顾客

（1）重复顾客所说的重点，确认是否理解顾客的意思和目的。

（2）了解投诉的重点所在，分析投诉事件的严重性。

（3）告诉顾客已经了解到问题所在，并确认问题是可以解决的。

（四）顾客投诉处理应避免的做法

1. 不耐烦的表情或不愿意接待顾客的态度

（1）同顾客争执、激烈讨论、情绪激动。

（2）挑剔顾客的态度不好，说话不客气。

（3）直接回绝顾客或中途做其他事情，听电话等。

2. 不做记录，让顾客自己写经过

（1）表明不能帮助顾客。

（2）有不尊重顾客的言语行为。

（3）激化矛盾。

3. 重复次数太多

（1）处理时间过多。

（2）犹豫、拿不定主意。

（3）畏难情绪，中途将问题移交给别人处理。

（4）听不懂顾客的地方方言。

（五）如何预防抱怨的产生

1. 销售优良的产品

（1）在经过充分市场调查的基础上，订购优良而且能够反映顾客需求的产品。

（2）确定掌握产品的材料以及保存的方法，以便在产品销售时为顾客提供更多的有关知识。

（3）严格检验购进的商品，千万不要销售有污损的商品。

2. 提供良好的服务

（1）搞好上岗前培训。

（2）举办各种业务竞赛活动。

（3）采取强制性措施，督促营业员不断改进自己的服务工作。

3. 留意店内的安全设施

如陈列的玻璃、吊灯、地面、楼梯、防火设备、紧急出口等。

（六）处理顾客抱怨的妙法

1. 正确找出抱怨产生的原因

如前所述。

2. 处理抱怨的初期诀窍

（1）善使用"非常抱歉"来平息情绪，营业员向顾客道歉，要注意三点。

1）牢记自己代表的是超市的形象。

2）"说明"并不是借口或辩解。

3）道歉要有诚意。

（2）尽早了解顾客的希望。营业员在平时的工作中注意积累听懂"弦外之音"的经验常见的两种情况：

1）当顾客以坚定、高昂的语调重复陈述一件事实时，通常可以猜出顾客的本意是要退货。

2）当顾客反复强调商品的缺点却不主动提出或不强烈要求退货时，说明顾客希望该商品减价出售。

3. 巧妙应付情绪激动者

（1）耐心听完顾客的抱怨。

（2）诚心诚意向顾客致歉。

（3）按照上司的指示或自己的处理方式来和顾客进行沟通，解决问题的两种特殊情况：

1）顾客一开始进行抱怨诉求时，就显出极端愤怒和强烈的不满，这说明他所购买的商品十分恶劣，或受到极为恶劣的服务，以使他在物质和精神上受到极大的伤害。

2）在和营业员沟通过程中，或是由于营业员措辞不当，或是由于不满意营业员的说明，而使顾客在沟通中突然勃然大怒。

针对这些情况可采取的策略：

①调换当事人。

②改变场所。

③改变时间。

（七）依照不同原因分别处理抱怨的诀窍

1. 处理因商品品质不良所产生的顾客抱怨

（1）向顾客诚恳地道歉。

（2）奉送新商品。

（3）如果顾客由于使用该产品而受到精神伤害或物质损失，商场应适当给予赔偿和安慰。

2. 处理因商品使用不当产生的顾客抱怨

（1）诚恳向顾客道歉，坦率承认是由于所在超市服务不周而造成顾客的损失。

(2) 如果商品受到损害，责任又确实属于店方，则应以新产品来交换旧产品作为补救的方法。

(3) 如果新品换旧品仍然不能挽回顾客的损失，则店方应采取适当方式给予一定的补偿和安慰。

(4) 营业员应多方面掌握商品的各种有关知识，以便在销售过程中向顾客作详细交代。

3. 处理服务态度不佳所产生的顾客抱怨

(1) 经理应该详细听完顾客的陈述，然后向顾客保证今后一定加强营业员教育，不让类似情形再度发生。

(2) 经理应与引起顾客不满的营业员一起，向顾客赔礼道歉，以期得到谅解（如顾客不愿意见当事营业员则不可勉强）。

(3) 加强对营业员进行优质服务的教育，并建立相应的制度加以监督。

4. 处理误会所产生的顾客抱怨

(1) 说话语气要婉转，不能让顾客难堪。

(2) 不能老强调自己的无辜。

（八）抱怨处理过程的十句"禁句"

(1) "这种问题连三岁小孩都会。"

(2) "一分钱，一分货。"

(3) "不可能，绝不可能发生这种事儿。"

(4) "这种问题请去问生产厂家，我们只负责卖。"

（5）"嗯……这个问题我不太清楚。"

（6）"我绝对没有说过那种话。"

（7）"我不会。"

（8）"这是本店的规矩。"

（9）"总是会有办法的。"

（10）"改天我再和你联系。"

四、顾客投诉的跟踪与总结

1. 顾客投诉的跟踪

无论是顾客亲自到超市投诉还是打电话投诉，营业员处理时都必须做好记录，每一笔记录都必须跟进完毕，这体现出尊重顾客的基本原则，管理层每日必须查看顾客投诉的记录，并对超过一天未能解决的问题予以关注。

2. 顾客投诉周总结

每周对顾客投诉进行总结，总结各类引起顾客投诉的原因，列出赔款的金额。

3. 顾客投诉日总结

每日晨会或周会上固定分享顾客服务方面的信息，特别是处理顾客投诉方面的经验和教训，使所有的超市人员都知道如何对待顾客的抱怨和掌握顾客投诉问题的处理技巧。

附：营 运 术 语

（OPERATION TERMINOLOGY）

营运管理（Operation Management）：是指零售商通过一些硬指标及软指标对其门店的各项作业，起到培训、督导、考核、奖惩的一系列经营管理活动。营运管理的范围涵盖整个门店的运营活动，包括会员招募与管理、收货、订货、补货、内部转货、内部调拨、防损、盘点、保鲜、陈列、标示、广告与促销、销售、孤儿整理、设备保养与维护、保安（防火、防盗、防投毒、防爆）、收银、存包、退换货、赠品、人员（含供应商促销员）管理、企划与美工、保洁、市调、售后服务、送货、团购、总务及行政等工作。

营运规范（Operation Standard）：是指营运管理部门对门店的各项营运作业的统一的、规范的作业流程与作业细节，其目的是提高营运效率，节省人力与费用，提高效益，避免个人或部门闭门造车，按照不规范的方法，提供不规范的服务给顾客。

经营绩效（Performance）：又称效益，是指营运管理最终的成果，具体表现在一些指标任务达标的情况，包括销售额、销售额增长率、毛利额、毛利率、毛利额增长率、损耗率、其他收入、其他收入增长率、费用率、净利率、投资回报率、资产回报率、人员流动率、存货周转率等。

布局（Layout）：又称商品配置图，指门店各商品大小组及部门的配置相关位置。具体的布局最好以货架鸟瞰图表示。一个合理的布局最好不要有死角产生。同时要考虑存货周转的速度与周转仓之间的距离，避免高回转商品在距离周转仓最远的地方。

指标（Target，Goal，Objective，Budget）：又称目标，是指在营运管理的过程，公司为门店所设定（或门店设定经公司同意）的一些经营任务。指标分为财务指标及非财务指标。

条码（Bar Code）：是指条状平行线和中间空白的组合，用以表示一定商品信息的国际上通用的符号。一般印制在商品外包装上，黏附于产品或集装箱之上，表达有关数据。可以用电子扫描仪读这些数据。

店内码：公司内部印制的条形码，遇到无条码商品或商品条码损坏等多种原因造成的条码失效情形时使用。店内码在信息中心申请打印。

生鲜条码：称重商品的价格条码，由电子磅秤称重时打印出来。

PLU 码：电子磅秤中用来表示不同商品的代码。

收银机（Point of Sales，POS）：是指销售信息管理系统，主要执行收银的功能。其基本构件是：商品条码、POS 收银台系统、后台电脑。

计算机辅助订货（Computer Assisted Ordering，CAO）：是指通过使用计算机

合成有关产品流转（POS 系统所记录）、影响需求的外部因素（如季节变化）、实际库存水平、产品接收和可以接受的安全贮货水平等方面的信息，为商店订货作准备。这一基于零售系统的技术，在货架存货降至事先确定的水平以下时，自动产生补充订货。这一技术成功的关键有赖于全面的商店库存和精确的 POS 扫描数据。CAO 通常能减少订货方面的成本，提供单品运转和商店这一级别上的库存流转的及时信息。

电子订货系统（Electronic Ordering System，EOS）：是指用于分店的日常订货管理，主要功能是运用于商店的订货管理和盘点，基本构件有价格卡、掌上型终端机、数据机。

电脑建议订单（Order Proposal List，OPL）：指门店利用信息技术将日均销量、库存数量、交货天数、交货日期、订货单位倍数及最低订货金额等数据结合在一起，运算出"建议订货数量"与"送货日期"。它是一个很科学的运作系统，可以节省大量人力及物力，是门店营运最核心的部分之一。但是遇到团购或瞬间出货量太大而产生缺货状况时，必须以紧急订单来弥补它的不足。

销售点广告（Point of Purchase Advertising，POP）：指超市卖场中能促进销售的广告，也称作销售时点的广告。在零售店内将促销信息，以美工绘制或印刷。

快讯商品广告（Direct Mail，DM）：指以信函方式将促销信息通知目标顾客，又称促销彩页，一般用于超市商品促销的宣传，通常使用邮递、夹报、人工发放、店内领取等形式送到消费者手中。DM 促销是超市最有效的促销手段。

行政、后勤及控制（Administration，Logistics & Control，ALC）：这是门店的一个重要部门，它实际负责门店订单的订货与跟催、印制每日变价的价签、门店变价的录入、按过去的趋势预测每日销售、作一些销售分析、每日对低毛利率的单品或大组实行监控，并对门店库存控制提出建议等工作。

日均销量（Daily Mean Sales，DMS）：是指依字义而言，就是平均每日的销售数量，定义有三个：

（1）新品进货前30天。依数学平均数，如前10天卖30个，则DMS=3.0。

（2）30天之后。DMS=前一天的DMS×0.9+当日销量×0.1。

（3）始终未卖出的商品。DMS=0.05（注：理论值为0，但DMS值在许多报表的运算中常为分母值，若为0则无法运算）。

设备（Equipment）：指门店为提供服务给顾客及员工所需的器材与装备，包括搬运设备、陈列设备、仓储设备、消防设备、广播设备、空调设备、灯光设备、加工设备、厨房设备、电脑设备、收银设备及办公设备等。

高货架（High Racking）：指卖场超过5米的高空重型货架，用来存放包装食品，更适合在下层（销售区）以栈板存放商品，适用于仓储式商店（不论是否为会员制）。

低货架（Low Shelving）：指卖场高度在1.2~2.3米的层板货架，适用于百货商品及较轻的包装食品的销售。

货架梁（Beam）：指高货架的横梁。通常一个"货架梁"就等于一个"货架格"的宽度。

货架柱（Upright）：指高货架的支柱。

层板（Shelve）：指低货架的横向钢板，作为陈列货物之用。通常一个"层板"就等于一个"货架格"的宽度。

货架格（Bay）：指高货架的一个"货架梁"或低货架的一个"层板"的宽度。

层板数（No. of Shelve）：指低货架是由层板及挂钩柱组合而成，层板数最好不要超过5层。

挂钩（Hook）：指低货架的组成部分之一，挂钩适合吊挂式且较轻的商品。

栈板（Pallet）：又称卡板，用来运输高货架或地堆陈列之用，必须以油压拖板车来运输。

叉车（Forklift）：指门店为高货架商品所使用的高空搬运设备，必须是电动式，不能以柴油驱动。

拖板车（Hand Pallet Truck）：指门店为商品平行搬运的设备，必须是油压式，分为手动（手拉）及电动两种，使用时必须与栈板共同操作，商品放在栈板上，拖板车的双叉则深入栈板底部拖起运输。

折叠笼（Cage, Wire Basket）：又称仓库笼，是指一种由粗铁线焊接后镀锌或镍，并可折叠的"地笼"，是一个陈列及搬运设备，广泛使用折叠笼促销。

斜口笼（Sloped Wire Basket）：是一种由细铁线焊接后包树脂而前端为斜面的小铁笼，作为难以叠放的商品的陈列设备。斜口笼本身也可层层叠放。

端架（Gondola－end, End－cap）：指高货架或低货架两端面向走道的陈列设备。由于面向走道，端架成为重要的促销区，适合摆放促销商品。一个端架不宜摆放超过3个以上的商品，否则失去促销的聚焦（Focus）。

主走道（Main Aisle）：指门店内4~7米宽，供顾客大量流动的走道，一个门店通常各有两条直向及横向的主走道，以疏散人流。

次走道（Small Aisle）：指门店内 2.5～3.5 米宽的走道，供较少量客流走动的走道。

货架走道（Display Aisle）：指门店内 2～3 米宽，在货架之间的走道，是主要供顾客选购商品的通道。货架上的位置就是商品的"家"（Home）。在商品做促销时，原来的"家"不可去除，应予以保留。

灯箱（Lighting Box）：指门店利用店内或店外空墙上的空间所制作的广告照明物，主要用于增加门店的广告费收入，同时让顾客知道门店所销售的知名品牌。

地板（Floor）：指门店的地面，其材质多样化，包括金刚砂地面、PVC 塑料地面、环氧树脂地面，及斯米克砖地面等。

楼面（Floor）：泛指门店的所有销售部门，如生鲜部、食品干货部及百货部。

冷藏柜（Cooler）：指用于陈列适合在 0℃～5℃储存的商品的冷藏存放设备，一般有"一体机"及"分体机"两种。"一体机"即压缩机与冷藏柜是一体的，价格较便宜，但耗能；"分体机"则相反。冷藏柜又可分为立式与卧式两种。

冷冻柜（Freezer）：用于陈列适合在 -18℃～-22℃储存的商品的冷冻储存或展示的设备，其分类及原理与冷藏柜相同。一般以卧式为主，立式较少。

走入式冷藏柜（Walk - in Cooler）：指一种大型冷藏柜组（0℃～5℃），可以让顾客或员工进入。

走入式冷冻柜（Walk - in Freezer）：指一种大型冷冻柜组（-18℃～-22℃），可以让顾客或员工进入者。

加工间（Processing Room）：指门店内设置的若干个不同用途的加工场所，分熟食加工间、面包加工间、肉品加工间、水产加工间及蔬果加工间。

周转仓（Goods Receiving Warehouse）：指收货部验收商品后，暂时存放商品的仓库。楼面需要提取商品时，应按一定作业程序提取商品。

陈列（Display）：指商品在自选式销售时的一种存放方式，不同的商品应用不同的方式陈列，以吸引顾客的购买欲望。

展示（Presentation）：与陈列是同义词，即将商品以最吸引人的方式陈列，以刺激顾客的购买欲。

商品组合（Assortment）：指把不同层次的顾客需求及市场上的货源两者有机地结合起来，以符合零售企业目标顾客需求及公司指标任务的商品结构。

盘点（Physical Inventory）：指门店为确保电脑库存的正确性所采取的一系列经营活动。它可分为定期不停业大盘点，定期部门或商品大组盘点，及不定期盘点三种。盘点对门店的重要性，有如定期体检对个人的重要性。它可以检查出门店的管理是否出了毛病，需要何种补救措施，以确保公司的资产没有流失，利润没有减少。

损耗（Shrinkage）：指在任何时间的实际库存量与电脑库存量的差异，但需扣除人工错误的差异。损耗是零售业的"经营大敌"，如何降低损耗是每一个零售业者最重视的课题之一。按国际标准，综合超市的损耗应是营业额的 $-0.4\% \sim -0.6\%$，也就是每千元的营业额中可允许 $4 \sim 6$ 元的损耗，损耗构成的原因可归为：

（1）员工造成的。

（2）顾客造成的。

（3）供应商造成的。

（4）超市系统造成的。

（5）超市管理制度造成的。

购物车（Trolley，Cart，Trundler）：指有轮子的购物工具，它必须附装一个大型的金属或塑料篮子或平板，让顾客购买的商品能安稳地放在里面或上面。手推车是综合超市必备的工具，也是对顾客的一种附加价值，它可让顾客的购物成为一种乐趣，同时可提高单价。

购物袋（Shopping Bag）：指门店为方便顾客结账后所提供的有偿或无偿的塑料袋，通常为聚乙烯（PE）材质。国外零售商为环保也有提供有偿或无偿的、可降解的纸制或塑料制的购物袋。

购物小票（Sales Slip，Invoice）：指收银结账时由收银机自动打印的销售明细单，上面印有货号、商品描述、数量、单价、总价及总计、收银员代码、时间等。国内很多省市为防止商家逃漏税，而采取了所谓的"税控发票"，此种发票需从税务局购买，与收银机结合使用。

外包装（Packing）：指商品在运输的过程所需要的外层保护物，以瓦楞纸箱为主。

内包装（Packaging）：指为了让商品可以直接陈列销售的包装物，如洗发水的瓶子、卫生纸的塑料袋等，或玩具的纸盒。

演示（Demo，Memonstration）：即百货商品的说明或展示活动，目的是让顾客更了解商品，进而达到销售的目的。

试吃（Tasting）：指加工食品为了达到销售的目的，分成小份的品尝物，让顾客试品尝的活动。

量贩包装（Club Pack，Multi-pack）：指商品以组合式的方式陈列，目的是要加大顾客的单次购买量。通常量贩包装的最小单位价格要便宜3%～10%。

滞销品（Slow Mover）：指门店内为数不少的低回转商品，在商品ABC分类法里，C类商品有许多是滞销品，但它们有让商品组合丰富化的功能，不能完全清除，仅能缩小排面的陈列量，减少订货或库存量，除非是一个月内完全无销售，否则不能全部清退，一进一出的原则应该维持。

促销员（Sales Promotor）：指由供应商雇请的驻店销售人员。分为两种：一是导购性质，可在销售尖峰时刻从事导购服务；二是联营厂商的性质，除了有销售推广的任务以外，还要对存货管理负责，这种促销员需倒班工作。

落地陈列（Stack-case Display）：指在客流多的主走道或促销区将商品以成箱的方式堆放陈列，让顾客有一种冲动性的购买欲，如能有促销员、演示、试吃、POP海报及特价搭配效果更好。

割箱陈列（Cut-case Display）：一种将包装纸箱割斜角，以露出商品，作为陈列工具的陈列方式，广泛应用在包袋食品及小百货商品。

端架陈列（Eng-cap Display）：指门店以卖场走道两旁的端架作为促销区来陈列的方式。端架是重要的促销区，但不宜陈列三种以上的商品，否则失去促销的聚焦（Focus）。

倒班工作（Shift Work）：指门店卖场因营业时间较长（13～15小时），有些职务需有两人轮流倒班，每人负责8小时。

生鲜部（Fresh Derartment）：指专门负责销售生鲜的部门，下设五个组，即蔬果组、肉品组、水产组、熟食面包组、日配组。生鲜食品指保存期限较短，且常温容易腐败（Perishable）的食品。

蔬果部门（Fruits & Vegitables Section）：指负责销售蔬菜及水果的组别，通常配有一些简易的加工或包装设备，能处理一些改包装的蔬果商品。

肉品部门（Meats Section）：指负责加工与销售肉品的组，不论是何种储存条件，如常温、冷藏或冷冻。国内消费以猪肉为主，牛羊肉类在综合超市较难销售。

水产部门（Fish Section）：指负责水产品的加工与销售的组。水产品含养殖（海水及淡水）及捕捞品（远洋及近海）。养殖品一般卖活的，一旦死亡则改为与近海捕捞品相同的冰鲜销售方法。远洋捕捞的则必须以冷冻的形式销售。

熟食面包部门（Deli/Bakery Section）：指加工和销售熟食（包括红案的"加工肉制品"及白案的"加工面制品"）及西式面包糕点的组。这是门店生鲜部高毛利，也是客流较多的组。

日配部门（Dairy Section）：指销售保质期很短、回转很快的日配（含乳品）商品的组。鸡蛋、低温奶制品和火腿肠及冷冻食品为主要商品。

食品干货部（Grocery Department）：指负责销售加工食品（或称包装食品）的部门，下属五个组，即酒饮组、休闲食品组、粮油组、冲调组、日化组。

酒饮部门（Wine & Drink Section）：指负责销售烟、酒及各种饮料的组。较高档或单价较高的烟酒通常成立专区，或在精品区内封闭式销售，其余一律开架式销售。

休闲食品部门（Snack Section）：指负责销售糖果、饼干、蜜饯及炒货的组，不论是否为散卖或包装的休闲食品均为本组的商品。蜜饯指水果经脱水后加工久藏的食品。炒货指果仁类的休闲小食。有些门店喜欢把自行包装的蜜饯及炒货放在蔬果组销售，因为蔬果组具备加工能力及场所，而休闲食品组不具备这些条件。

粮油部门（Grain & Oil Section）：指负责销售五谷杂粮、食用油、罐头及调味品的组。一般超市不卖散油，但散油市场占城市居民消费75%以上的市场份额，虽然毛利不高，损耗也较大，但应设法引进，以吸引客流。

冲调部门（Milk & Instant Drink Section）：指销售奶粉、速溶食品、健康食品、茶叶、婴儿食品及宠物食品的组。

日化部门（Toiletries Section）：又称洗化组，指销售日用化工品或洗涤化学品的组，商品包括：个人日常用品、家庭清洁用品、家庭纸制品及一次性用品。虽然这些商品都不能食用，但在国外一般仍把它们归类到食品部门，主要是这些商品传统上大部分在"食品店"销售。

百货部（Non‑food Department）：或称非食品部，指销售不能食用的商品部门，但不包括日化商品，下属精品组、文教组、体育健身组、家居组、大家电组、小家电组、DIY组、婴儿用品组、家纺组及服饰组等。有些地区公司或门店把一些组别合并在一起，以节省人力。

精品部门（Shop Section）：指一个封闭式的"店中店"，专门销售一些较高档且容易失窃的商品，如化妆品、高档文具、皮具、领带、图书、音像制品、电子产品及通信产品等。在此"店中店"里，有一部分为开架式自选销售。精品组里自营商品较少，以名牌护肤用品、饰品为主，大部分为联营销售。

文教部门（Stationery Section）：指专门负责销售文教用品的组，其商品包括书写用具、纸制文具、档案用品、电脑及附属用品、传真机及学生文具等需要大量售后服务的商品，大多以联营方式销售，以降低风险。

体育健身组（Sports Section）：指专门负责销售体育用品的组，其商品包括球类、运动器材、玩具、交通工具、礼品及装饰品等。有些门店把文教组与体育健身组合并为文体组。

家居部门（Household Section）：指专门负责销售家居用品的组，其商品包括厨房用具、餐具、家庭用品、清洁用具等。

大家电部门（Appliance Section）：指专门负责销售大型家电用品的组，其商品包括视讯家电、音响、铁板制大型家电（如电冰箱、洗衣机）等。由于该组商品单价高，在门店的销售占比最高可达20%左右。该组商品有些需有送货服务，卖场解说也很重要，有些供应商可以派促销员提供解说或演示的服务。

小家电部门（Small Domestic Section）：指专门负责销售小型家电用品的组，其商品包括家居小家电（如电熨斗、吸尘器等）、厨房小家电（如电饭煲、电热水瓶、微波炉等）、卫浴设备（如热水器等）及季节性家电（如空调、电扇、电暖器等）。有些地区公司或门店把大家电组与小家电组并为家电组。

DIY部门（Do－it－yourself Section）：指专门负责销售五金工具、家具、机车用品、灯饰、宠物用品的组。DIY原意是"自己动手做"。在商品房市场日渐兴起之际，DIY的商品有其远景，但目前国内仍未成气候。

婴儿用品部门（Baby Needs Section）：指专门负责销售孕妇服及婴儿哺育、

衣服、护理、玩具、车床等用品的组。

家纺部门（Home Textile Section）：指专门负责销售家用纺织品的组，其商品包括床上用品、贴身衣袜、卫浴纺织品、箱包及雨具等。该组的商品在节庆时的团购业务量较大，应好好把握。

服饰部门（Apparel Section）：指专门负责销售外出用的男装、女装、童装、服饰用品、男鞋、女鞋及童鞋等商品的组。该组商品毛利高，如果能慎选适销对路的商品（中档为主），能为公司创造较高的毛利。单店经营的地区公司宜采用联营方式经营，风险较小，业务较容易拓展。

硬品（Hard Lines）：指百货部里除了婴儿用品、家纺用品、服装鞋帽以外的商品。基本上，百货部可分为硬品与软品。硬品指比较坚硬的商品，包括精品、文教用品、体育用品、家居用品、家电用品、DIY 用品等。

软品（Soft Lines）：指百货部里比较软的商品，包括婴儿用品、家纺用品及服装鞋帽等。

视听家电（Brown Goods）：指传统为褐色的视听家电商品，包括电视、CD 机、DVD 机、收录音机、手提音响、桌上音响及扬声器等。

大家电（White Goods）：指传统为白色的钢板制家电用品，包括电冰箱、洗衣机、微波炉、电烤箱等制品（在一些超市，微波炉、电烤箱被分类为小家电）。

小家电（Small Domestics）：指家居小家电、厨房小家电、卫浴电器设备及季节性家电等。

存货服务水平（Inventory Service Level）：指商品状态为"1"的商品里，库存量 >1 的品种数占总品种数的百分比。全店的存货服务水平应在 95% 以上，即

1万个状态为"1"的品种里应至少有9500个品种的库存量大于1个。通常 A 类商品（品种数大约占10%，销售额占5%）的存货服务水平应在99%以上（即只允许1%的缺货率），B 类商品（品种数大约占20%，销售额占30%）应在97%以上（可允许3%的缺货率），C 类商品（品种数大约占70%，销售额占20%）应在94%以上（可允许6%的缺货率）。